鬼怪談
現代実話異録

加藤　一
編著

竹書房
怪談
文庫

※本書に登場する人物名は、様々な事情を考慮してすべて仮名にしてあります。また、作中に登場する体験者の記憶と体験当時の世相を鑑み、極力当時の様相を再現するよう心がけています。現代においては若干耳慣れない言葉・表記が登場する場合がありますが、これらは差別・侮蔑を意図する考えに基づくものではありません。

巻頭言

鬼　　　　　　　　　加藤一

鬼は得体が知れない。

そして同時に、日本人で鬼を知らない人はまずいない。物心付くか付かないかの頃、最初に読み聞かせられる勧善懲悪の物語は桃太郎である。ここで鬼の風貌、生態、振る舞い、性質、悪辣な山賊としての所業を学ぶ。古くからある民話には鬼が繰り返し登場する。その特徴は戯画化され、色濃い肌、角、牙、蓬髪《ほうはつ》に金棒などがシンボルとして固定化される。

嫉妬と怒りに狂った女を演じる能面として、般若や真蛇がある。口角吊り上がり人の身でありながら人を捨てた姿である。仏法に於ける六道では餓えと渇きに苦しみ苛まれる鬼として餓鬼道の餓鬼がいる。山賊めいた悪辣な鬼達が筋骨隆々であるにも拘わらず、餓鬼達は痩せさらばえて骨と筋と皮の身体に下腹ばかりがぽこりと出ている。かと思えば、六道の最下層に於ける地獄で、獄卒獄吏として悪徳の死者を責め苛む役を負う鬼すらもいる。

鬼は得体が知れない。誰もが知るはずなのに、誰にもよく分からない。

故に知ろう。鬼を。鬼と遭遇した、その怪異譚についてを。

目次

本望

篠原さんには、晴雄という叔父がいた。

民俗学の研究を趣味とする晴雄は、フィールドワークと称して日本全国を旅していた。

専門的な知識を学んだ訳ではない。ネットに転がっている情報を元に行き先を決めるだけだ。

要するに、先人の跡を追うだけの観光旅行である。

自分でもそれは分かっているせいか、晴雄は時折、突拍子もない場所を目的地に選んだ。

特に好んだのは、地元の人間が禁忌とする場所だ。

暮らしの中の正の部分は祭りにあり、負の部分は禁忌にある。

会社での出世はとうに諦め、日々の楽しみもない。生涯独身の自分にとって、人間の負の部分は何よりの御馳走だ。

そう言って晴雄は笑うのであった。

その晴雄が、昨年の初め、自宅で死んでいるのが発見された。

これは、その少し前に篠原さんが晴雄から聞いた話である。

何年か前の秋のことだ。晴雄は例によって旅行に出た。ＳＮＳで知り合った同好の士からの情報だ。

目指すは北陸地方の山間部にある村。その村の近くの洞窟に、鬼の像が祀られてある。洞窟の入り口に注連縄《しめなわ》が張られていたため、何かあるのではないかと推測したらしい。

鬼の像は一つや二つではない。優に五十は超える。石や木など材質は異なるが、いずれも手彫りである。

明らかに素人の手によるものだ。美術品としての価値はないのだが、何とも言えない迫力があった。

立ち入り禁止と思われる洞窟に無断で入ったため、残念ながら由来の聞き取り調査はできなかったという。

注連縄で閉ざされた洞窟に、溢れんばかりの鬼の像。聞いただけで胸が躍る。

是非とも実物を拝んでみたい。晴雄は可能な限り、人目に立たぬよう行動した。

その甲斐があり、洞窟に到着するまで誰とも顔を合わせることはなかった。

一見したところ、何の変哲もない洞窟である。

聞いた話の通り、入り口には注連縄が何本も張られており、足を踏み入れるのが躊躇《ためら》われる佇まいであった。

注連縄を切らないように注意を払って中に入る。ひんやりとした空間に誘《いざな》われる。

見かけに寄らず深い洞窟のようだ。懐中電灯で辺りを照らしながら、奥へと進んでいく。

暫く進むと、少し開けた場所に出た。

そこが鬼の間であった。辺り一面、鬼の像で埋め尽くされている。すぐ側の一体を手に取った。

彫りは粗いが、確かに鬼だ。恐ろしげな顔つきである。何とも素晴らしい造形だ。

晴雄は時間が許す限り、鬼の像を調べて回った。

途中、ふと気付いた。作りや材質は違っているが、全ての像が同じ方向を向いている。

この空間の奥にある一点に向かって据え付けられているのだ。

近づいていくにつれ、空気がどんよりと重くなっていく気がする。

懐中電灯で照らした先には、一際大きな像が置いてあった。

妙な像である。人の形なのだが、顔は彫られていない。まるで、つるんとした玉子である。

手も足も胴体も、つやつやと濡れたように滑らかだ。

晴雄は、この像を見た途端、全身が震えてきた。辺りにある鬼の像などとは、比べ物にならない程恐ろしい。

直感的に、人が見てはならない物だと分かった。

晴雄は後ろも振り返らず、一目散にその場から逃げ出した。

無事、自宅に到着してもなお、手足の震えは止まらなかった。

その日からずっと、あのつやつやの像が夢に現れる。玉子の顔なのに、怒っているのが分かる。

激しい顔の痒みで目が覚める日々が続いている。病院では何も異常が見つからない。

洞窟のことを教えてくれた人とは連絡が付かなくなっている。


話し終えた晴雄は、深い溜息を吐いた。

「あの鬼達はあれに捧げる供物なんだろうな。しまったなぁ、一つだけなら良いだろうって思ったんだけどな」

晴雄は旅の土産とばかりに、手に取った鬼の像を一つだけリュックサックにしまい込んだのである。

返したほうが良いのではと篠原さんは忠告したのだが、晴雄はきっぱりと断った。

「大好きな民俗学で死ねるなら本望だよ」

数週間後、晴雄は死体で発見された。顔面を掻きむしったらしく、皮膚が剥けて酷い有様だったという。

最後の言葉通り、本望を果たした訳である。

部屋は整理されたが、鬼の像は見つかっていない。

百鬼夜行を描く

小学四年生の夏休み、Mさんは友達三人と共同で自由研究をしていた。

題材は百鬼夜行。四人で模写をしてオリジナルの巻物を作るという内容だった。

「ウチにあるよ」参加しているYさんが言った。

彼女の家は地元の土地持ちで、同居しているお爺さんは趣味で骨董《こっとう》や美術品の収集をしているらしい。

後日お爺さんの許しが出たと連絡を受け、Mさんたちは Yさんの家を訪ねた。

お爺さんが持ってきた木箱を開ける。中に一本の巻物が入っていた。

「じゃあ頑張ってな」お爺さんは笑顔でそう言って部屋から出ていった。

初めて手に取る巻物は、独特の重みがあった。

広げてみると、妖怪たちがズラリと列をなしている。

担当を分け、画用紙に妖怪を描いていくが、一日で終わる作業ではない。

それからもYさんの家に四人で集まり作業を進めた。

漸《よう》く終わりが見えてきた八月のある日。集中し過ぎたゆえに視野が狭くなっていた。Mさんの肘に何かが当たる感覚と、コンという音が聞こえた。見るとコップからジュースが流れ、巻物にジワジワとシミが広がっている。他の三人も気が付き、急いで巻物を持ち上げた。

ベリ！　という音とともに、巻物の紙が少し伸びた。

糊付けしてあるだけだと思っていた紙が剥がれたのだ。

そして。そこには一体の鬼が描かれていた。

灰色の体。赤い角が頭から背中に生え、身体を黒い靄《もや》が覆っている。

Mさんの背中にゾクゾクとした感覚が走った。そして思った。

〝この鬼を描きたい〟と。

「これは私が描く」友達が突然そう宣言した。

「だめ」Mさんは言葉を遮った。

「何言ってるの。ウチが描く」

「これはウチの物だから、私に決まってるじゃん」

それを皮切りに、その鬼を誰が描くかで、壮絶な喧嘩が始まった。

取っ組み合いになり、Mさんは友人の体に爪を立て、自身も顔を殴られた。

〝他の奴には絶対に渡さない〟という感情が頭の中で渦巻いていた。

「何やってるんだ!!」

部屋に響いたその声に気を取られた瞬間、頭を支配していた感情は消え失せた。

開いた襖からYさんのお爺さんが、顔を出していた。

生傷だらけの四人から話を聞くと、お爺さんが濡れた巻物を持ち上げる。

「どこに鬼がおるんだ」

そこにはジュースで濡れた空白があるだけで、何も描かれていない。

「そんな」そう思ったとき。バチン!!　と強烈な家鳴りが部屋に響いた。

結局、彼女たちの自由研究は中途半端に終わり、あの鬼の正体も分からないままだ。

海を渡った般若《はんにゃ》面

北マリアナ諸島に属するサイパン島は、一九八〇年代から九十年代をピークに、日本人に非常に人気のビーチリゾートであった。

直行便を使えば約三時間半で到着可能、時差も僅か一時間。観光客向けのリゾートホテルやレストラン、ショップなども立ち並び、常夏の島は年間を通して多くの日本人で賑わっていた。

安藤氏が家族旅行で彼の地を訪れたのは、氏がまだ小学校に上がる前の頃である。彼にとって、海やホテルのプールで遊んだことよりも、鮮明に残っている記憶があった。

それは、立ち寄った一軒の日本食レストランに飾られていた、『般若の面』だという。

当初その店について、「せっかくの海外旅行なのに、何故わざわざ日本食を食べなければいけないのか」と安藤少年は不満に感じたのだが、何でもそこは父親の知人がオープンした店だとかで、義理堅い父親に連れられて家族で昼食を摂ることになったのだった。

蕎麦・うどんを中心に、寿司や丼もののメニューも揃えた店内は、ここが海外だということを忘れてしまうほどに『和』で統一されていた。

案内されたテーブルの壁には、般若とお亀の面が並んで飾られており、その般若の顔がとにかく恐ろしくて、安藤少年の脳裏には、旅の楽しい記憶よりも、面に対する恐怖心のほうが、深く刻まれてしまったのだ。

大人になった今でも、あの面は苦手だ。

そんな思い出を、両親と自分の家族が会した食事の席で、笑い話に変えて披露すると、父親が、

「あの般若面には、後日談があるんだよ」

と、安藤氏にこんな話を聞かせてくれた。

「お面から、奇妙な声が聞こえてくる」

そう言い出したのは、現地の従業員だった。すすり泣きのようなときもあれば、低い唸り声のようなときもある。

「気味が悪いから、外してくれ」

何人かの従業員に、そう訴えられた。

また、般若面を飾った真下の席に座った客に、

「この席は居心地が悪い。他と変えてくれ」

と、お願いされたことも、幾度となくあった。

父親の知人である店のオーナー自身は、特に奇怪な現象には遭遇しなかったが、相次ぐ苦情に、般若面を外そうと決めた。すると――。

壁には、黴のような黒い染みが浮き上がっていた。

店をオープンして、まだ半年も経っていない。

なのに、新品だった壁紙に現れた染み。不思議なことに、お亀の面を外した場所は綺麗なままであった。

奇妙に思いながらも、とりあえず額入りの絵を染み隠しのために掛けてはみたが、般若面が飾られていた壁の真下の座席は、何故かいつも湿っていたり妙な匂いがするなどの異変が続き、結局そこに客席を設けるのを止めてしまった。

問題の般若面は、店をオープンする際に古物商を営む日本の知人から、お亀の面とセットで購入した品であった。特に有名な作家の面だとは聞いていなかったし、金額もそこそこだった。

箱に入れ、暫く店のスタッフルームの棚に押し込んでおいたが、

「誰もいないのに、人の気配がする。あの面のせいだ」

そう訴える従業員らが、部屋に入るのを嫌がり仕事にならない。

廃棄してしまうのもどうかと、状況を伝えて返品を知人に願い出たが、

「返品は一切お断り。責任持って自分で対処してくれ」

と、あっさり無下にされた。

仕方がないので、オーナーは自宅に面を持ち帰った。流石に飾る気にはならずしまったきりにしていた、その数カ月後、

「すぐに、あの面を返してくれ」

突然、古物商の知人から連絡が入った。

返品を断ったくせに、何を今更と思ったが、

「助けると思って、頼む！」

電話の向こうの相手は大層必死な様子で、オーナーは面を日本に住む彼に送り返すことを約束した。

が――。

国際郵便で送ったはずの荷物が消えた。

いつまで経っても、古物商の元に届かない。追跡情報を追ってみても、全く手掛かりが掴めない。

その事態に、「どうしてくれるんだ！」と、古物商は異様なほどの怒りをあらわにした。元々オーナーが買い取った物なのに、そこまで叱責される意味が分からない。が、あまりの剣幕にオーナーが、「弁償するよ」と譲歩して告げると、

「金の問題じゃねぇんだよ！　死んだら化けて出てやるからな‼」

不穏な言葉を残して、電話は一方的に切られてしまった。

結局、送った荷物は見つからず、古物商とも連絡が取れなくなった。

日本食レストランは三年も持たずに閉じることになったが、オーナーは面のせいだとは考えていない。あくまでも、観光客の減少が原因であると語った。

帰国後、改めてオーナーは共通の知人を辿ってみたが、古物商と面のその後の行方も、面に関する曰くについても、未だ不明のままだという。

「あのとき、お前が異常にあの面を怖がっていたのは、何かを感じ取っていたからかもなぁ」

父親の言葉に、子供の頃の自分が単に怖がりだったからではなかったのかと、安藤さんは妙に納得したそうである。

有能な鬼面

高田さんは四方を山に囲まれた小さな村で生まれ育った。

今となっては殆《ほとん》ど限界集落だが、子供の頃は人口も多く、小さいながら小学校もあった。

高田さんが六年生のとき、町の学校との統廃合が決まった。

卒業と同時に学び舎がなくなってしまう訳だ。最後の夏休みに何か記念になるようなことがしたい。

考えに考え抜いた高田さんは、妙案を思いついた。

全校生徒を参加させて学校で合宿するのはどうだろうか。一緒に御飯を作り、校庭で遊んで、教室で寝る。

夜には校内全部を使って、肝試しを行う。思い出作りとしては完璧である。

子供達の思いを酌んでくれたのだろう、親も教師も賛成してくれた。

予定としては二泊三日。キャンプファイヤーに使う薪は、大人達が集めてくれる。

自分達で食事の用意もする。食材は各自が持ち寄り、給食用の厨房で作る。

布団も各家庭から運び、色々な余興も準備に取り掛かった。

父親直伝の落語をやるという子もいれば、得意の手品を披露するという子もいる。

低学年の子供達が退屈しないよう、絵本の読み聞かせや人形劇もやることになった。

残った課題は肝試しである。

キャンプファイヤーは、いつか何処かで体験することもあるだろう。皆で作る食事もそうだ。

けれど、学校を使って肝試しをすることは稀だと思う。

その意味で、これこそがメインイベントだと高田さんは力を入れた。

お化け役は大人に頼めるのだが、何かもう一つ捻りが欲しい。

そうだ、私もお化け役になろう。一緒に歩いているときに、そっと変装したら面白いのではないか。

これは名案に思えた。歩きながら変装するなら、仮面をかぶるのが一番手っ取り早い。

ただ、それを作る時間も技術もない。大人には内緒にしておきたいから頼めない。

悩んだ末、もう一つの名案が浮かんだ。

この村には、古い神社があった。誰が祀られているかすら分からない神社だ。

放置しておくのは良くないとのことで、村人達が手入れをしていた。

小さな御社に、幾つか奉納されているものがある。全て、通常ではあり得ないものばかりであった。

高田さんは掃除を手伝っているときに、それを見せてもらった。

束ねられた黒髪、錆びた釘、金槌、沢山の藁人形。

昔、この辺りの森で実際に使われていたらしい。どう処理して良いか分からず、神社に放り込まれたのだという。

その中に一つ、他とは違ったものがあった。般若の面だ。最近、見つかったもののことだ。

お祭りの露店で売っているような安っぽい玩具だが、ちゃんと角も付けてある。とりあえずは恐ろしげな鬼の顔だ。

あの面を使おう。あれなら服の下に隠しておける。昼間見たら、そんなに怖くないかもしれないが、夜の学校となれば話は違う。

学校からの帰り道、高田さんは御社に忍び込んだ。奉納品は、雑然とした室内の片隅に積まれてある。

探すまでもなく、般若の面は見つかった。ゴム紐が少し弱っているようだが、短時間なら大丈夫だろう。

とりあえず着けてみる。

その瞬間、視界がぼやけた。御社の中にいるはずなのに、何処かの風景が見えている。見たこともない中年の男性の顔も見えた。

頭が激しく痛み、前のめりに倒れたところまでは覚えているそうだ。

目を開けたとき、高田さんは病院のベッドに寝かされていた。

全身が激しく痛む。特に足の裏が痛い。

ベッドの横に両親がいた。目を開けた高田さんに気付いた母親が、泣きながら抱きしめてきた。

何故、自分が病院にいるのか、この痛みは何なのか。

高田さんが訊くと、逆に父親が質問を返してきた。

「お前こそ何をしてたんだ。どうやってあんな所まで行った」

高田さんは、神社で気を失った日に行方不明になっていた。

発見されたのは翌日の朝だ。

二百キロほど離れた山の麓に倒れていたらしい。
農作業に向かう男性が保護し、警察に届け出たという。
大きな怪我はしていなかったが、疲労が凄まじく、三日三晩昏睡状態が続いた。
十二歳の子が歩ける距離ではない。誰かの車に乗せてもらったのだろうと結論が出た。
発見されたとき、高田さんは般若の面を持っていた。弱っていたゴム紐は切れていた。

「ゴムが切れて面が外れてなかったら、死ぬまで歩き続けてたでしょうね」
当時を思い出すたび、高田さんはそう言う。
ちなみに般若の面は今、高田さんが所持している。
以前、不倫関係で悩んでいた時期にふと思い立ち、帰省して持ってきたのである。
相手の男性を思い浮かべながら般若の面を着けてみたそうだ。
子供の頃とは違い、自分の意識は保ったまま、あることを実施できた。
効果は抜群だったという。

鬼石

友人Aから聞いた話。彼は十代の半ばに大病をし、手術・入院していた時期があった。病室は六人部屋だったが、運良く人の良い患者が集まり、居心地の良い部屋だった。そのためベッドのカーテンは誰も引かず、昼も夜も開けっぱなしだった。

ある夜の消灯後、Aは隣のベッドとの間に気配を感じた。そちらに目をやると、Aのベッドとの間に誰かが背を向けて立っている。子供くらいの背丈で全身は真っ黒、影をうんと濃くしたような雰囲気だったそうだ。

影は何かを呟いていた。けれど声が小さくて内容は聞こえない。Aは怖くなり慌てて布団を被った。

その日から影は毎晩現れた。そのたびに隣のベッドの枕元に立ち、何かをブツブツ呟き続ける。昼間の様子では、隣のベッドの患者は影の存在に気付いていないらしい。特に害がないものかもしれないとAは思うことにしたという。

しかし七日目の夜、隣のベッドの患者が急変し、そのまま亡くなってしまった。死ぬような病気ではなく、手術も成功したと聞いていたのに。

Ａは翌日、見舞いに来てくれた祖父にその話をした。祖父は難しい顔で聞いていたが、「明日また来る」と言ってその日は帰った。

そしてその夜、影はＡの枕元に立った。枕元に立たれて初めて、Ａは影の言葉を聞き取れた。

「コッチイイヨコッチイイヨコッチイイヨコッチイイヨ……」

影は延々とそう呟き続けた。Ａは悲鳴を上げようとしたが声が全く出なかったそうだ。怖くて震えている間に意識がなくなり、そのまま朝になっていた。

翌日、祖父は約束通り来た。そして石を一つＡに渡した。祖父が「鬼石」と呼んで、長年玄関に飾っていたものだ。鬼石は手のひらに載る大きさで、二箇所、角のような突起がある。祖父が子供の頃からあったものだと以前聞いたことがあった。

Ａは祖父の言いつけ通り、その晩、鬼石を枕元に置いて寝た。その夜も影は現れたが、影が呟き始めると不意に野太い男の怒鳴り声が聞こえた。

「やかましい！」

途端、影はさっと溶けるように消えた。Ａもびっくりした。怒鳴り声は鬼石から聞こえたからだ。

翌日、祖父にその話をすると、「鬼に勝てるものはそういないからな」と笑った。

数年後、祖父が亡くなったとき、Aは鬼石を形見に貰い受けた。Aは現在結婚し、自宅を新築して暮らしているが、形見の鬼石は今も大切に玄関に飾っているそうである。

キセキ

中島さんの実家には、庭石があった。

今は亡き祖父が建てた家であるため、全てが祖父好みの物になっていたのだろう。

彼は幼い頃から、あまり気にしないで生活をしてきた。

また、住人のいなくなった祖父の部屋には、石が多く飾られていた。

離れの物置には、石を切断する専用のグラインダーや磨き機もあったため、そのような趣味の持ち主だったと思われる。

祖父は彼が生まれて間もなく亡くなったので、どのような性格だったのかなどは一切の記憶がない。

ただ、祖父の部屋に忍び込んでは、切断された石の断面をよく眺めていた。

キラキラとした粒子が宝石のように思えて、とても幸せな気持ちになったことは覚えている。

中島さんが三十四歳の春、実家から連絡が入った。

父親に癌が見つかり、暫くの間は闘病生活を送ることになるという。

当時、中島さんは仕事が忙しく、遠く離れた実家へ帰ることは叶わなかった。

母親に全てを任せ、只々案じることしかできない生活を続ける。

それから一年が過ぎた頃、父親が亡くなったと連絡が入った。

突然の知らせはあまりにも急過ぎる臓器不全によるものだった。

帰省し、最期の見送りを懸命に果たす。

母親は看病疲れもあったのだろう。そして愛する人を失った悲しみから、軽い認知症のような症状が見えていた。

中島さんは父親に対してできなかった親孝行をしようと、仕事を辞める決意をする。

会社に事情を話すと、意外にもすんなりと受け入れてもらえた。

成長していた後輩もいたため、引き継ぎなどの業務もなく、ほぼ即日退社と相成った。

実家での生活が始まるが、仕事をしない訳にはいかない。

後先を考えなかったといえばそれまでだが、改めて仕事探しを始めると、予想以上に厳しい現実が待ち受けていた。

数多く面接を受けても、結果が出ない。

貯金を切り崩しながらの生活は、どんどん彼の精神を追い込んでいく。

それに加えて、母親の状態はあまり良いものとは言えなくなっていた。

感情の起伏が激しくなり、目を離すのが心配になる。

物に当たったと思ったら、次の瞬間には部屋の隅で蹲《うずくま》ったりしている姿を見せられ、外出する回数も減っていく一方だった。

(もう、楽になりたい……)

そう思い、母親の首に手を回したこともある。

「お父さん、助けて……」

母親のか細い声で、はっと我に返ることが幾度とあった。


実家に戻ってからの生活が三カ月を過ぎようとしていた。

相も変わらず、母親は半狂乱さながらの振る舞いを見せていた。

昼食にうどんを作り、母親に食べさせようとしていたとき、目の前で丼ごと引っ繰り返された。

「てめぇ、何すんだよっ‼」

怒りの感情のまま、母親の胸ぐらを掴む。

『あー……あああ……あぁぁ……』

その音は欠伸《あくび》のようにも思えたのだが、低く太い声質は母親の物ではない。

ただ、何処かで聞き覚えがあるような気がした。

「お……親父……？」

『アキラ……か……。鬼……だ。鬼が……』

「嘘だろ、何で親父が！　いや、鬼って、何が鬼だってんだよ」

動揺しながらも、母親の身体を揺するようにして答えを待つ。

しかし、ガクリと力を失った母親の身体は崩れ落ちようとした。

「おい、親父！　親父って！」

呼び掛けも虚しく、母親は何も言葉を発しない。

スースーと寝息を立てて深い眠りに就いているようだった。

それから更に一カ月が過ぎた。

あのときの、父親の言葉の意味は解明できないままであったが、一つの変化があった。

母親は病院にいた。

夜中に胸を押さえるような姿勢で悶絶し、救急搬送されたのである。

検査の結果、心臓に異常があると言われる。

「弁がどうたら、ややこしい話はされたのは分かるんですが、もうその頃の自分は正常ではないというか」

中島さんは細かいところまでは覚えてはいない。

手術が必要なこと。それに伴い、また多額のお金が必要になること。

そのことだけで頭が一杯になっていた。

「今思うと、母親の心配よりも、金の心配ばかりだったんですよ。高額医療制度とか知らなかったですし……」

その後、無事に母親の手術は終わった。

何故か手術が終わった後の母親は一変し、元の穏やかな性格に戻っていた。

そして、彼の仕事も決まる。

高校時代の友人が中島さんの窮地を聞き、自分の会社で働くことを勧めてくれたのだ。

一気に流れが変わり、順調に物事が進み始めた。

新しい仕事も遣り甲斐があり、安定した収入も得られるようになった。

そうして更に半年が過ぎた。

中島さんの生活は落ち着き、幸せなもののように見えた。

……いや、そう見えるように、そう思われるように生活をしていた。

母親は大人しいのだが、それはよく言えばということである。

実際の母親は感情が死んでいた。

何を食べても無反応。

中島さんが話し掛けても、的外れな相槌を打つだけで、目からは生気が失せていた。

(施設に入れるべきなんだろうか……)

そうは思うが、世間体というものがある。

そもそも、自分が帰ってきた理由は、父親にできなかった親孝行を、せめて母親にしてあげたいと思ったからではないのか。

そんな自問自答を繰り返す日々だった。

ある夜のこと、寝ているはずの母親が歩いて何処かへ向かっている。

中島さんが後をつけていくと、祖父の部屋に入っていった。

何をしているのだろうと、静かに様子を窺《うかが》ってみる。

母親は部屋の中央で立ち尽くし、ぼーっとしているようであった。

向いている先は、祖父が集めた石が飾られている棚である。

(ああ、爺ちゃんのことを思い出しているのか……)

感情を失っていると思えた母親が、感傷に浸っている所を見ると、何とも言えない気持ちになる。

(俺は口ばっかりで、自分のことばかりを考えていた……)

「母さん、ごめん。俺、ちゃんとするから……」

そう言いながら照明のスイッチを押し、室内へ入っていく。

切り替わった明るい光に一瞬目が眩むが、母親は何の反応もしないまま背を向けている。

「なぁ、母さん。俺、ちゃんと考えるから。母さんを大事にするから……」

母親に近づき、その肩に手を掛けた。

しかし、母親は振り向こうともせず、前を向いている。

「なぁ、母さんって……」

覗き込むようにその顔を見ると、完全に白目を剥いていた。

口の端には白い糊のような物もあり、とても意識があるようには思えない。

「うぉっ!!」

驚きの余り、中島さんはその場から飛び退いた。

そして視界の隅に入った光景に言葉をなくす。

(何だよ……これ……)

祖父の収集した石は全部で二十四個が棚に飾られていた。

どれも適度な大きさに切断され、その断面は研磨機で磨き上げられ綺麗な物であった。

しかし今、中島さんの眼前に広がるのは、醜悪な物である。

複数の歪な流線が立体的に象り、顔のような物を作り上げている。

それは地獄絵図に出てくる鬼によく似ており、吊り上がった目や、角まである。

(どうして……。何があったっていうんだよ……)

愕然とし、動けない中島さんの横から、甲高い奇声が響いた。

「キョエエエェーーーーィ!!」

声の主は母親であった。

しかし、そこにいたのは母親とは思えない形相のものだった。

頬の肉は三重に波打ちながら盛り上がり、口の大きさは三倍以上に大きく開いている。

額も腫れ上がったように飛び出て、眼球は色を失い、三日月を象っている。

こちらを視認できているのかさえ分からない状態ではあるが、見られているという感覚だけは伝わった。

「か、母さん……」

母親はその言葉を理解したのか、一瞥《いちべつ》した後、窓ガラスを突き破り、庭に飛び出した。

慌てて中島さんも庭へ出て母親の姿を探す。

――いた。

庭石の前で猫が背を丸めて威嚇するような姿を取っている。

「フゥーウウウ……」

異常な母親の姿に戦慄を覚える。

いや、既に母親ではない。

ガラス窓を突き破った際に全身を切ったのだろう、徐々に衣服に血が広がりつつあった。

赤く染まる姿。異形の顔。

何処にも優しかった母親の面影は残っていなかった。

そして、中島さんの眼前に鎮座する大きな庭石にも異変が起きていた。

上部部分が〈山〉という漢字のように三つに割れ、こちらも表面には波打つような襞《ひだ》が刻まれている。

まるで中央の尖端は角、両端の鋭角は尖った耳のように分かれ、目の部分は菱形に吊り上がり、黒目と思える点まで存在していた。

嗤っているのだろうか、頬と思える部分の襞は、微妙に揺れているように思えた。

(な、何だよ。何だってんだよ……)

口があるべき場所に、黒い弓型の線が刻まれる。

その線が大きく開かれると、紅蓮の空間がぽかりと開いた。

中島さんが動揺していると、耳で微かに認識できるレベルの高音が聞こえた。

と同時に、衝撃波が身体を襲う。
一、二メートルは飛んだのだろうか。
地面に叩きつけられた痛みとともに、意識を失った。

「う……ううっ……」

背中に強く感じる痛みで目が覚めた。

どうやらまだ、夜は明け切れていないらしい。

薄ぼんやりとした青味を帯びた空が、そう理解させてくれた。

（あ、母さん!!）

庭石の前に駆け寄ると、母親は背を丸めた姿のまま、意識を失っていた。

既に表情は元の母親の顔に戻っており、全てのことが夢であったかのように錯覚する。

そうは言っても、衣服に付いた血の滲みは紛れもなく本物で、彼の判断でどうこうするのは不可能のように思えた。

結局、出血が心配だったので救急車を手配して再び母親の元に戻り、意識を取り戻そうと声を掛け続けた。

「身体に切り傷はありましたし、出血もありました。ただ、衣服に滲んだほどの出血量の怪我ではなかったようで、病院でも首を傾げていましたね」

病院としても事件性があるものだったのかどうかを確認する必要があったのだろう。

警察官の事情聴取を受ける羽目になった。

軽度の認知症が始まった母親が、夜中に窓ガラスを突き破って逃げ出した。

それを捜索し続けた結果、庭で倒れているところを発見した、という理由付けになった。

さほどの外傷でもなく、他に暴行の痕も見受けられない。

意識を取り戻した母親も、「私、どうしてここにいるの？」と記憶がなかったようである。

中島さんの証言に矛盾はないと判断され、無罪放免となった。


「母親は少し、呆けていたような感じでしたね」

家に戻っても、母親についてその日は過ごした。

仕事も休みを貰い、只々、母親のためだけに一日を費やした。


翌日になると、母親の状態は普通に戻っていたので、仕事に出かけた。

帰宅した後も食事を一緒に取りながら様子を窺っていたが、特に異常は見当たらない。

二十二時を過ぎた頃、母親を寝かしつけ、中島さんは祖父の部屋に入った。

「ああ……やっぱり……」

何となくではあるが、そんな気がしていた。

棚に飾られていた石は一つもなくなっており、割れたガラス窓がそのままの状態であった。

とりあえずは飛び散ったガラス片を掃除し、開いたスペースには段ボールで蓋をした。

一通りの片付けが終わり、ふうと息を吐く。

気は進まないが、もう一箇所の確認をしておく必要がある。

できれば明るい日中にその作業を行いたいのだが、母親の手前、そうする訳にはいかないように思えた。

確認をしたからって、何かが変わるものでもないが、それを知っておかないと、自分の心構えができないような気がしていたのだ。

懐中電灯を準備し、恐る恐る歩を進めていく。

――あった。

上部が三つに割れた庭石は元の灰色のまま、同じ場所にあった。

ただ、昨日のような盛り上がった襞や、目や口の部分は見当たらない。

肌面はシャープな、一見すると何処にでもあるような庭石であった。

「で……それからは特に何もなく三年は過ぎたのかな。心筋梗塞で母親が亡くなるまでは……」

母親が亡くなり、この家にただ一人残された。
自分一人の生活は楽でもあるが、何処か寂しいものだと感じていた。
その矢先、何故か祖父の部屋に入ろうと思った。
いや、入らなければならないような意識に駆られていた。
部屋の前、一呼吸を置き、襖を開ける。
目に飛び込んできた景色に、中島さんは生唾を飲んだ。
——例の棚に、七個の石が並んでいたのだ。
それはどれも中島さんの記憶にあるものではない。
間違いなく新しい代物だった。
『キューーン、ガガガガッ……』
小さな音ではあるが、間違いなく外から音が聞こえてくる。
それはこんな夜更けに出すような音ではない。

その音に導かれるように外へ足を運ぶ。

やはりとは思ったが、離れの物置から騒音が聞こえていた。

(そんな訳がないって、落ち着け。落ち着け……)

勢いよく扉を開けると、音は一瞬で止んだ。

裁断用のグラインダーは何故かコンセントに繋がれており、その場には切断された石が一つ転がっていた。


「この話を聞いて、あなたはどう思います？　俺の頭がおかしいんですか？　幻覚や幻聴を聞いてるって思いますか？」

激昂した中島さんを宥《なだ》め、話の続きを聞かせてもらう。

彼の中では祖父という存在が異質で、何かしらの災いをこの家に招き入れたものだと思っている。

彼の母親は、中学生になった中島さんにこんなことを言ったそうだ。

「昔、お爺ちゃんが言ってたんだけどね、川の石も海の石も山の石も、魂が宿るんだって。昔から、その近くで死んだ人は、無念の気持ちを持っているって。だから、最後に見える風景にある石に、その想いが残るんだって。まあ、そんなこと言ってる人が石を斬ったりしてたんだけど、そんなことを言われたら捨てられないよね。だからお爺ちゃんの部屋は残しておくの」


今現在、祖父の部屋は中島家に残されたままとなっている。

ただもう、干渉はしない。

そこの石が、増えようが減ろうがどうでもいいと思っている。

唯一問題なのは、庭石である。

時折、フォルムが違うように見えるときもあるが、気にしない。

それ以上、関わってはいけないものだと認識しているのだ。

「で、変だと思いません？　庭石に関わりたくなくて、放置している庭なんですよ？　それなのに、雑草も一定量以上は増えたり伸びたりしないんです。こんなことってあり得ます？」

返答に困る私に、中島さんは付け加えた。

「あー、そういえば、昔、本かテレビで見たことがあるんです。無念を残した人は死ぬと鬼に成れるって。それって本当の話ですか？　俺の中ではあの庭石が、爺ちゃんを鬼にしたような気がするんですよ。何のための鬼なのかは分かりませんが……」

彼は病名を明かしてはくれなかったが、闘病中だという。

せめて、こんな人がいたんだよ、ということを世の中に知らしめてほしくて、この取材を受けてくれたという。

……彼が病に打ち勝つことを願わずにはいられない。

踊る赤鬼

十歳の夏、小嶋さんは鬼を見た。

当時、両親が離婚問題で揉めており、小嶋さんは夏休みを母方の実家で過ごしていた。

やたらと広い家は、少年にとって格好の遊び場所である。

長く薄暗い廊下、裸電球が一つだけの便所、井戸がある台所。

町の暮らしでは滅多に見られないものばかりだ。

その一つに気になる場所があった。離れの部屋である。

廊下に面した障子は、掛け金と南京錠で開かないようにしてある。

庭に面した側に小窓があるのだが、内側から黒い布で目隠しされている。それほど大きい部屋ではない。

小嶋さんは、それとなく祖母に何の部屋なのか訊ねてみた。祖母曰く、お客様用の部屋とのことだ。

常に綺麗に保っておかねばならないから、入ってはいけないのだという。

そうだとすると、新たな疑問が生じる。

家の中には沢山の部屋がある。わざわざこんな離れに泊めたりしなくてもいい。

そもそも、客用の部屋の外側に鍵を付けるなんて失礼だ。

違和感はあるが、それ以上の質問は無駄に思えた。

そういうものかと自分を納得させるしかない。


夏休みが終わろうとする頃、両親の離婚が決定した。

小嶋さんは父親に引き取られることになった。新学期からは父親と二人暮らしである。

もしかしたら、転校するかもしれない。そうなると、大切な友達ともお別れだ。

何よりも、大好きな母親と会えなくなるのは死ぬほど辛い。

それなのに、今になっても離婚の原因を教えられていない。

何故、僕だけがこんな酷い目に遭わなければならないのか。

夏の間ずっと我慢を強いられてきた小嶋さんは、怒りを抑え切れなくなった。怒りは涙となって次から次へと溢れ出してくる。

泣いているのを見られるのが嫌で、身を隠せる場所を探しているうち、あの部屋の前を通り掛かった。

何が客用だ。僕だってお客様だぞ。そんな気持ちが沸々と湧いてくる。

両親が離婚したら、この家には二度と来られない。この際だから、部屋の中を見てやる。

少年らしい反抗心が背中を押した。

小嶋さんは、祖母が常に使っているキーホルダーを調べた。

それらしい鍵を見つけ、南京錠に差し込んでみる。

当たりである。小さな音を立てて、鍵が開いた。

静かに障子を開ける。四畳半の部屋だ。畳が全て外され、壁に立てかけてある。

露出した床板の中心には、薄く粗末な座布団が一枚。

見たところ、客に出せるような代物ではない。

一歩踏み込んだ途端、小嶋さんは経験したことのない寒気に襲われた。

思わず足が竦《すく》む。いつの間にか、座布団に誰かが座っていた。

全裸の男だ。その身体は血に塗れている。

異様なのは、首から上であった。口は大きく裂けている。

鼻から上が二つに分かれ、後頭部から角が突き出している。

身体と同じく血塗れだ。まるで赤鬼だが、体つきは貧弱そのものである。

恐怖のあまり身動きすらできない小嶋さんの前で、赤鬼は突然仰向けに寝っ転がり、踊り始めた。

バタバタと手足を動かし、激しく痙攣《けいれん》する。

庭先で鶏が鳴いたおかげで、小嶋さんは我に返った。

慌てて外に飛び出し、障子を閉める。

閉める寸前に見えた赤鬼は、まだ痙攣していた。


その後、小嶋さんは父親と二人で年を重ね、無事に社会人となった。

何度か出会えていた母は、去年の春に病死した。

葬儀に参列するため、小嶋さんは十数年ぶりに母の実家を訪ねた。

家も周りの景色も全く変わっていない。感動すら覚えるぐらいだ。

祖母も既に他界しており、喪主は小嶋さんが知らない男性である。

会席の場で、男性は小嶋さんの隣に座った。

思い出話に花が咲くうち、小嶋さんはあの部屋で出会った鬼の話をした。

「ああ、あれを見たんか」

男性は眉間に皺《しわ》を寄せ、鬼の正体を教えてくれた。


あれはな、分家の孝夫という男や。

事業に失敗して、えらい借金こさえてな。

本家にも借金取りが押し掛けるわ、全員から責められるわで、どうすることもできずに自殺しよったんや。

趣味で鴨撃ちやっとったから、猟銃を口に咥えてズドンてな。

律儀な男でな、畳汚さんように全部上げて、後の始末しやすいように裸になって。

ほいでも、引き金引いた瞬間にビビりよったんやろな。

口から離したけど、出た弾は眉間から上を真っ二つに割りよって、後頭部に抜けたんや。

裂けた頭蓋骨が角みたいに突き出してな。口も裂けてしもうた。

ほいでも死に切れんから、暫くバタバタと暴れとったんや。

銃の音に驚いて駆けつけた皆の前で、バタバタ、バタバタってな。

それからあの部屋には、時々出るようになったんや。

最初のうちは、皆怖がったんやけど、慣れてしもうたら不愉快なだけでな。

己の不始末で自殺しよって、何を今更出てきとんねんと。

で、鬱陶《うっとう》しいから、鍵を付けて入れんようにしたんやで。

話し終えた男性は、薄い笑みを浮かべて言った。

「泣いた赤鬼っちゅうのはあるけど、踊る赤鬼は珍しいわな」


その夜、小嶋さんは母屋の一室に泊まらせてもらった。

明け方近くに便所に立つ。

何となく、離れの部屋に足を向けた。

障子はあの頃と同じ状態である。鍵を見つめながら、小嶋さんは暫く迷った。

開けてみたい気持ちが抑えられない。とはいえ、まともに見るのは嫌だ。

ふと思いつき、小嶋さんは人差し指で障子に穴を開けた。

そっと覗いてみる。

薄暗がりの部屋の中、赤鬼がバタバタと踊っていた。

受け継ぐ

紗和の祖母は地元では結構名の知られた「拝み屋」だ。

やはり血筋なのだろう、孫達の中でも紗和はその性質を色濃く引き継いでいるようで、子供の頃からそういうモノが「見えた」。

祖母の傍にいたせいか、見様見真似《みようみまね》でそういう対処の仕方も身に着けた。とは言っても、それを専業にしている訳ではないし、紗和はあくまで素人だ。できることには限界がある。そういった意味での分は弁《わきま》えている。


高校の恩師から相談を受けた。

在学中、自殺した教え子の霊を祓ってやったことがある。その関係で恩師は紗和が「見える」だけでなく、「ある程度なら祓える」のを知っていた。それ故の相談事であった。

恩師の友人、斗貴子の実家は資産家で、とある会社の創業者一族の本家だ。女系で跡取り娘だから結婚は早かった。子供は一男一女に恵まれた。

というか、一族は本家分家問わず親族一同、授かるのは必ず男女ともに一人ずつ。その上健全に男子が育たない。二十歳前に亡くなるか、生存していても何らかの障害を負っているかのどちらかだ。例外はない。斗貴子の長男、拓海も知的障害があった。

そして既に嫁ぎ、一女を儲けていた長女の香菜が二人目を妊娠し、性別が判明したのがつい先日。相談を持ちかけられたのは必然であったかもしれない。

日にちを決めて恩師とともに斗貴子の家を訪問する。

一目見て息を飲んだ。「半分魂が抜けている状態」とでも言えばいいだろうか。拓海には決して少なくはない数の子供の霊が憑いている。

これは恐らく生まれつきだ。そのせいで常に半分「この世にいない」状態になっている。それは恐ろしくも不思議で美しくもあって、とても「幸せそう」に見えた。

「虹色のぴかぴかが時々飛んでくるでしょ？　あれ綺麗よね」

「きみも見たことあるの？」

「あるよ」

「ふわふわのしゅーって飛んでくのは？」

「あれ、綿菓子に似てるよね」

「ぼく、わたがし好き！」

無垢な笑みを浮かべて機嫌良く話す拓海に、斗貴子は驚いたように目を瞠《みは》る。

「この子が初めて会う人にこんなに話をするの、珍しいんですよ」

それはそうだろう。紗和と拓海は「同じものを見て」いるのだ。

斗貴子にそうとは言わず、紗和は拓海に話を促す。

「この人達は拓海さんのお友達？」

憑いているものは五歳くらいの子供ばかりで、中には十歳程の子もいるようだが影が薄く判然としない。

「ううん、ちがう」

生まれる子供は男女両方いるのに、何故男性だけに祟るのか。

「みんなぼくの御先祖様に食べられちゃったんだって」

――御先祖様は鬼だったんだって。

事もなげに言う。邪気のない顔で。

「だからぼくらは罰を受けなきゃいけないんだって。けんちゃんもそうなるって」

「けんちゃんて、誰？」

「かなちゃんのお腹にいるんだよ、かわいいねえ」

斗貴子はもう言葉もなかった。香菜のお腹の子は男児。性別が判明した時点で娘夫婦はもう名前を決めて生まれてくるのを楽しみにしている。だが、教えていないにも拘わらず、拓海はまだ生まれていない妹の子を「正確に」愛称で呼んだ。

「お家で古くから祀られている神様はいらっしゃいますか」

紗和の言葉に斗貴子は首を横に振る。

「分かりません。仏壇も神棚も普通です」

「女性だけが受け継ぐものがあるはずです。娘さんにはもう引き継がれている」

頬に手をやり、思案するように視線を巡らせていた斗貴子が顔を上げた。

「着物が何点か。そういえば、女の子にだけ引き継がれている帯があります」

本家分家関係なく、同じ柄の帯を女性だけが引き継いでいる。元の反物も残っているから、古くなると特別な処分の仕方をして。

「お仏壇を見せて頂いても構いませんか」

古いものは一つに纏めてしまっているだろうが、それでも立派な作りの仏壇に納まり切れない程の位牌《いはい》が並んでいた。

「あなた自身は御兄弟が二人以上いらした？」

「はい」

「元々は一族的に御兄弟が多い家系でしたね？」

確認する体は取っているが、寧ろこれは確信だ。

「どうして……」

震える口元を斗貴子は両手で覆った。堰《せき》を切ったように涙が零れ落ちる。

戦後、代々一族が住んできた家を手放したのだ、という。それからどんどん子供が生まれなくなったのだと。必然的に一族の人間は減るばかりだ。

恐らくはその家に「大元」が祀られていたのだろう。現在は取り壊され、別の家が建っていると、斗貴子は言うが——。そんなところに人が住める訳がない。

「御親戚が買い戻しましたね。けれど今はもう誰も住んでいない」

結局誰も長く住むことは叶わなかった。当然だ。そういう場所だ。

「あの、どうして」

どうしてそんなに話してもいないことが分かるのですか——。斗貴子の顔には困惑と恐れが貼り付いている。

「息子さんが教えてくれています」

正確には拓海と、彼に憑いているもの、だ。それを告げるつもりはないが。紗和は拓海の座るソファの前にしゃがみ、顔を覗き込んだ。

「みんな、どうしたら許してくれるって？」

その瞬間、拓海に憑いているものが一斉に喋り出す。四方八方から大声で怒鳴られている、そんな感覚に近いかもしれない。

「残った反物と帯を全部集めて下さい」

元の家のあった場所には、傍らに川がある。その川底に集めたものを沈めるよう指示した。勿論流されないように固定することも忘れずに。川の水に晒し続けることが肝要なのだ。そうすれば後は自然が勝手に浄化してくれるだろう。

「その場所自体も、本来は建物を壊して更地にして、木を沢山植えて人が立ち入らないようにするのが良いです」

拓海に憑いているそれらは皆故郷に帰りたがっている。

「そんなことで、いいんですか」

「それが一番簡単な方法なんです」

酷く拍子抜けした様子で呟く斗貴子に、紗和はチラリと目線をくれる。

「でも何年掛かるか分かりません。何十年、いえ、下手をしたら何百年も掛かるものと思って下さい」

簡単だけれど、それが一番難しいことを紗和はよく知っている。

「拓海さん、私帰りますね」

「またくる？」

拓海が無邪気に訊いてくる。

「もう来ない、かな」

「みんなもさびしいって」

「ごめんね」

そう言って腰を浮かせる。中腰のまま拓海の手に触れた。

「みんなは拓海さんが好きだって。仲良くしてあげて」

「うん」

さわちゃんばいばーい、と素直に頷いて手を振るそれに小さく手を振り返して、紗和は踵《きびす》を返した。

斗貴子の家を出たその足で、同行していた恩師と紗和は喫茶店に入った。

「紗和ちゃん、ありがとう」

「いいえ」

礼をそのまま受け取る訳にはいかない。肝心なことを教えていないから。現状、紗和は斗貴子の先祖に恨みを持つ霊側の要求を伝えただけなのだ。

今すぐにでも何が何でも祓いたいのなら自分以外の、無理矢理祓える人がいるならその人に頼んだほうが良い。幸いなことに斗貴子は資産家だ。そういう伝手《つて》を探すこともできるだろう。紗和の教えた方法では確実に一族の人数は減る。

「斗貴子さんの御先祖が行ったのは人間、特に幼い子供を使った蠱毒《こどく》です」

「鬼」と言われるはずだ。蠱毒で生き残った女児に産ませた子を、産んだ本人に食わせた。そのためだけに孕《はら》ませて、産むたびに食わせ続けた。そうやって作り上げたのだ、「鬼」を。

「この話を斗貴子さんにしなかったのは、私なりの配慮です」

確かに斗貴子自身がやったことではない。だが、その恩恵は受けてきたのだ。そう容易く彼らの怨念が晴らせるとは思えない。

「何でそんなことを」

「強烈な呪いは正しくお祀りすれば強力な守護にもなるからです」

「でも、そんな危ないもの」

「危ないし、制御し切れなくなったら反動は残酷なものになります」

そもそも成功率も低い。現に今、斗貴子の手には負えなくなっている。それでも金が絡めばやる人間はいるということだ。多分恩師は、斗貴子の家の不思議なまでの運の良を間近で見ている。思い当たることがあるのか、言葉を詰まらせた。

「お、帯、は――」

「蠱毒で生き残った女性を殺したときに下に敷いていたものでしょう」

本家にあった御神体は彼女の首か何かだ。だから斗貴子の家系は減り続けている。蠱毒を、やり返されている。

返されているということは、元本家があった場所に御神体が既に存在しないのではないかとか、帯に使われた反物も下に敷いたのではなく、わざと血を染み込ませたのだとか、その辺は殊更言わないでおいた。

「御神体として祀られていたものが行方不明なので、私には祓えません。他の人にも難しいでしょう。このことを斗貴子さんにどう伝えるかは、先生にお任せします」

自分には無理だと紗和は言い切った。どれだけ金を積まれても命まで賭けることはできない。勝ち目のない賭けなどしたくないし、するつもりもない。

「拓海さんが魂を削ってまで彼らの憎しみを和らげようとしています。例えば彼が五十歳より前に亡くなるようなことがあれば、呪いは進行を早めるでしょう」

紗和に伝手がない訳ではない。彼女なら祓えるかもしれない。だが、他人の先祖がしでかしたことに知人の命を賭けさせる気はない。

「拓海さん、大事にして下さい。彼が優しいから彼らも抑えられているんです」

斗貴子に最後の伝言を伝えるべく、顔を覆って項垂《うなだ》れた恩師にそう言葉を言い添えた。

あれから二十数年が経った。

つい先日、このコロナ禍で斗貴子の家業が立ち行かなくなり、倒産したことを知った。

それは本当に鬼なのか？

私の母親の知り合い、宮代さんが若い頃に体験した話だ。

私が「鬼」に関連する話を探していると、母親からそれを聞いた彼はわざわざ家にやってきてくれた。

「鬼は今、流行っているからなぁ」

トライアスロンが趣味の宮代さんは、筋骨たくましい身体を揺らしながら笑い、自分の過去に遭遇した鬼らしいモノの話をしてくれた。

宮代さんは二十代の頃、東京の墨田区曳舟の辺りに住んでいたという。

当時、彼の住まいはこぢんまりとした四階建てのアパート。

四階のうち、一階は大家さんの家で二～四階がそれぞれ一つの賃貸スペースだった。

宮代さんが住んでいたのは二階だったが、その階だけ家賃がかなり安い。

勿論それには理由があり、住む前に不動産屋にも大家にも言われていた。

理由は三階にいる住人の足音が、まるで二階を歩いているように聞こえることだった。

三階の住人がリビングを歩くと、無人の二階のリビングでまるで透明人間が歩いているかのように、足音がはっきりと響くのだという。

二～四階の部屋構造には、殆ど違いはない。

三階の住人が寝室を歩けば二階の寝室に、三階の住人がバスルームを歩けば二階のバスルームにその足音が響く、といった感じだった。

響くのは何故か足音のみで、その他の生活音は響かない。

また、その現象が起こるのは三階から二階の場合だけで、四階の足音が三階や二階で響いたり二階の足音が三階や四階で響くといったことはなかった。

大家や建築会社も色々と調べたらしいが、原因は不明。

結局、二階だけの家賃を安くして半事故物件のような形で売り出したらしい。

だが当時、収入の少なかった宮代さんにはそのアパートが職場に近いということも重なってありがたかった。

住み始めた当初、宮代さんが寝室で寝ているとリビングから何者かが歩いている音が聞こえるので、ドアを開けてみたが誰もいない。

だが、確かに宮代さんの見ている目の前で、彼以外は誰もいないはずのリビングで何かが歩く足音のみが響いてくる。

しかし時間を掛けてよく耳を欹《そばだ》てて集中すると、その足音は三階の住民のものだと分かる。これが大家達の言っていたおかしな現象か、と宮代さんは妙に感心した。

「透明人間が足音を立てるとあんな感じなのかなぁ、暫くは不気味だったよ」

三階に住んでいたのは、共働きで子供のいない若い夫婦。

二人とも朝早くに仕事に行くらしく、祝休日以外は日中に夫婦の足音が宮代さんの住む二階に響くことは殆どない。

そして当時の宮代さんは夜勤が多く、夫婦とは生活サイクルが殆ど逆だったので足音の問題で彼が困ることはそれほどなかった。

宮代さんがアパートに住み始めて半年程経った。

その間に、彼は三階の若夫婦と何度か会って挨拶をした。

夫のほうは見るからに活発そうな明るい男性、反対に妻のほうは綺麗な顔をしているが、物静かで何処か影を感じさせる女性だったという。

夫のほうも例の足音の話を知っているらしく、最初は「私達、なるべく静かにしますから。それでも気になったら遠慮なく言って下さいね」と笑顔で宮代さんに言ってきた。

「いやぁ、もうぜんぜん慣れましたから気にしないで下さい」

宮代さんも手を振ってそう答える。

その後も夫は、人懐こく色々と宮代さんに話し掛けてきた。

その合間に宮代さんは後方にいる妻のほうを見たが、明るく気さくな夫とは対照的に彼女は顔を背け、ずっと黙ったまま彼のことを全く見ようとしなかった。

「えらく陰気な女性だな、せっかくの美人が勿体ない」

このとき宮代さんは世の中、こんな正反対な夫婦もいるんだなぁ、と思ったらしい。


そして更に半年が経った。

その時期、宮代さんの仕事は多忙を極め、アパートに帰ってこないこともしばしば。

だから、例の足音のことなんて完全に宮代さんの頭から抜け落ちていた。

それから漸く大きな仕事が一段落した日、宮代さんはお昼過ぎにアパートに帰ってきた。

こんな時間に自分の部屋にいるなんて何日ぶりか？

宮代さんは寝室の布団に潜り込むと大きな欠伸をした後、眠りに就いた。

どれくらい寝たのだろう、宮代さんはリビングのほうから聞こえる足音で目を覚ました。

カーテンの隙間から、外に立つ外灯の光が寝室に差し込んでいる。

宮城さんが布団から上半身を起こして時計を見ると、夜の十一時近かった。

ミシリッ、ミシリッ、ミシリッ。

「ああ、三階からの足音か。久しぶりに聞いたな」

ミシリッ、ミシリッ、ミシリッ。

暫く鳴っていた足音は、宮代さんのいる寝室ドアの前で止まった。

その瞬間、宮代さんはドアの前に何かが立っている気配を濃厚に感じたという。

「いや、そんなはずは……。これは三階の夫婦の足音だ」

宮代さんが立ち上がり、寝室の明かりを点けたと同時にドアが開いた。

そこには人が立っていた。正確には人の形をした何か。

「空き巣、強盗か？」

驚いた宮代さんは両拳を強く握りしめて身構えた。

しかし、謎の侵入者はドアの前で突っ立ったまま動かない。

宮代さんは不思議に思いながら、改めて侵入者の姿を観察する。

そして、その異様な風体に息を飲んだ。

一見するとそいつは小柄な老人のようだった。

だが、衣服の類は一切身に着けておらず、下半身も丸出し、頭髪も殆どない。

口元と頬は入れ歯を外しているようにすぼみ、黒いビー玉みたいなまん丸な目は宮代さんのほうに向けられているが、果たして見えているのかどうかは不明だ。

それだけなら頭のおかしい老人が、たまたまどうにかして宮代さんの部屋に侵入してしまった可能性もある。

しかし、老人の身体には普通の人間には見られない特徴があった。

皺くちゃな肌は濃い灰色、その表面は砂をまぶしたようにザラザラとしており、まるで紙ヤスリのようだった。

もう一つ、これが最大の特徴で毛がまばらにしか生えていない頭の前方に、二本の角のような突起物があった。

「でも、昔話や漫画に出てくる鬼の角みたいに雄々しく天に伸びていた訳ではないんだ。

二本とも前頭部から数センチ伸びたところで前方に垂れるように曲がっていた。ハンガーの引っかける部分、フックみたいにさ」

宮代さんは自分の頭に曲げた両人差し指を持っていき、老人の貧弱な角をまねた。

「それは本当に鬼だったのですか？」

私が訊ねると宮代さんは少し頭を捻りながら言った。

「うーん、えらく不気味な風貌ではあるがあの貧相な体格では正直、鬼と言うのは苦しいかもしれない。角だって疣《いぼ》だか瘡蓋のデカい奴みたいだったたし。でもさ、関係あるかどうかは謎だが、この後の出来事が嫌な感じだった……」

宮代さんは急に真剣な顔になって話を続けた。

パシンッ！

宮代さんが貧相な老人と睨み合っていると突然、そいつの後方、リビングのほうから何かを叩く鋭い音が響いたという。

パシンッ！

それは今までのような三階からの足音ではない。

パシンッ！　と三回、その音が響いたとき、老人が細かく全身を震わせ始めた。

「こいつ、笑ってやがる」

宮代さんは老人の不自然な動きは、奴がクックックッと忍び笑いをしているせいなのだと気が付いた。その笑いはパシンッ！　と音が鳴るたびに大きくなっていく。

パシンッ！

老人はとうとう口を大きく開け、腹を抱えて大笑いし始めた。

忌々しい、嗄《しわが》れた笑い声が宮代さんの耳に飛び込んでくる。

血のように真っ赤な口の中には、歯が全く見当たらなかったそうだ。

ゴンッ！

突然、今までとは違った鈍い音がリビングに鳴り響いた。

同時に大笑いしていた老人が、かき消すように消えた。

宮代さんは布団の上で膝を突き、悪い夢から覚めたかのように呆然としていたという。

翌日、昼頃になって宮代さんは目を覚ました。

「夢だったのか……そうだよな」

少し安心した宮代さんは身支度を調えると、近所の喫茶店に出かけようとした。

アパートを出ようとしたとき、管理人のおばさんが少し慌てた様子で話し掛けてきた。

おばさんの話だと昨晩、三階の夫婦が大喧嘩したらしい。

夫のほうから管理人さんに電話が掛かってきて分かったのだという。

妻がぐったりして動かない、と。

実際は喧嘩ではなく、夫の一方的な暴力、所謂ＤＶという奴だった。

「何度も平手打ちをして最後は拳で殴ったそうよ、最低な男ね」

その後、管理人さんの通報で夫は警察に、妻は病院に行ったそうだ。

「寝ている間にそんなことが……」

宮代さんは、昨晩現れた老人のことを思い出した。

そしてリビングに響いた鋭い音、最後の鈍い音、老人のような鬼の笑い声。

そのとき、嗄れた笑い声が再び耳元に飛び込んできた錯覚を覚え、宮代さんは管理人さんの前で大きく身震いした。

その後、三階の夫婦は逃げるようにアパートから去っていったが、すぐにまた小さな子供のいる家族が越してきた。

宮代さんはそれから二年間ほど、そのアパートに住んでいたが、どういう訳か以前のように三階の住人の足音が二階に響くことはなくなったという。


「で、その老人は本当に鬼だったのですか？」

話が終わった後、私は再び宮代さんに訊いた。

「鬼って言っても、力や頑丈さがウリな奴だけじゃあるまいよ……」

宮代さんは話をする前とは違って、小さな声で答えた。

拒食

　双葉さんが小学生のときの同級生に、『新見』という大人しい男子生徒がいた。

　全校生徒数が少なく、各学年一クラス。彼とは六年間ずっと一緒に過ごしてきたが、どういう声をしていたか思い出せない。怒ったところも見たことがない。いつもにこにこしながらみんなと交ざって遊んでいた。印象に残る子ではなかった新見君のことを、やけにはっきり覚えているのには理由がある。彼女の二つ年下の妹と彼の妹が同じ学年、同じクラスだったからだ。

　新見君の妹の姿は、校内で見かけたことがない。双葉さんが妹に訊ねても「知らない」とそっけない返事が返ってくるだけだ。

「同じクラスなのに、知らないってことはないでしょう」

　彼の妹は病気で、一度も学校に来たことがない。

　――拒食症なんだって。

　妹のクラスではずっと休みなのが当たり前だった。

新見君の家は、通学路の途中にある。双葉さんの家のほうが学校から遠いため、いつも彼の家の前を通った。彼の家の辺りは農業を営む家が多い。新見君の家は家畜を育てていた。どの家も敷地が広い。彼の家も例外ではなかったが、通りからよく見える造りをしていた。塀や木で囲むようなことはしていない。道路から家全体がよく見えた。

クラス全員仲は良かったが、誰も彼の家に遊びに行ったことがない。一度遊びに行ってみてもいいかと頼んだ生徒もいたが断られた。

彼の妹はずっと、あの家の中で暮らしているかもしれない。だから人を入れたくないのかと思った。

彼の家の前を通るたび、気になる。無意識に家の窓を見てしまう癖が付いた。中学校へ通うようになると、通学は徒歩から自転車になった。彼の家の前を通るのは変わらない。自転車のスピードもあり、よそ見はしなかった。

通っていた中学校は、この辺りでは一番生徒数が多い。クラスが違えば顔を合わせることもなく、彼も妹のことも気にならなくなった。

数十年後。社会人になった双葉さんは実家を離れたが、年末年始は実家に戻り家族とのんびり過ごしていた。家の中でゴロゴロしているだけでは身体に良くないと、散歩に出かけることもある。

その年の散歩コースは、懐かしい通学路を歩きたくなった。自宅から数百メートル離れると、田圃が広がり眺めが良い。子供の頃から景色が変わっておらず、懐かしさで胸がいっぱいになった。

道を進むと新見君の家の前に来た。建物はそのままだったが、人の気配はない。庭には雑草が生え、建物の壁や屋根瓦は随分と傷んでいる。取り壊すこともなく放置されているのは分かった。割れた窓から、家具の類が見えている。

その奥のほうで、何かが動いた。真っ先に思い浮かぶのは野良猫。それにしては大きい。じっと見つめていると、奥でまた動いた。

――猫じゃなくて野良犬？

こちらに来たら困ると思ったとき。道に人が立っていた。服装から農作業から戻ってきた女性だと分かる。

「その家に何か用ですか？」

声を掛けられた。最初は分からなかったが、よく見ると同じ小学校に通っていた人だった。学年は違うが、小さな学校だったため顔と名前は知っている。相手も双葉さんのことを覚えていた。懐かしさから、女性はお喋りになった。

最初に新見家から出ていったのは、彼の母親。当時は他所《よそ》に男ができて飛び出していったのではと噂になった。それから暫くして残りの家族も出ていった。

兄妹が幼い頃はよく一緒に遊んでいるのを見かけた。学校に通う年頃になると、兄のほうしか家から出てこなくなった。妹の話は母親から聞いたことがある。家畜によく悪戯をして困ると嘆いていた。

「それが子供にしては残酷だって。目を潰すとか切るとか。そんなことばかりしているから、食べられなくなったのではないかって」

飢えと渇きに苦しむ。まるで餓鬼のようだ。

以前にも新見家の子供が、家に籠もることはあった。近所に住む大人達も知っていたし、学校側も把握していたと思う。

「住所で○○町って付くこの辺り。あそこに線路があるでしょ。あそこから向こうにある無人の寺。あそこまで道沿いにある数軒のお宅はみんな何かしらあるのよね」

うちもだけど、私は姉がいたから——女性は諦め受け入れているような話し方をした。

線路から寺までの距離は一キロほど。道を挟む形で数軒の家が並ぶ。この範囲を出ると暫く民家はない。周囲は田圃と無人の神社だけになる。

別れ際に女性が話していたことが、印象に残る。

「暗くなると、家畜の餌でも残っているのか動物が食べに来て困る」

追い払おうとして、見に行ったこともあるが酷く痩せた犬のようなものが何か食べていた。この辺りで野良犬なんて見かけないのに——。

遠くに見える山から吹く風が冷たい。

双葉さんは陽が暮れる前に自宅へ戻ろうと急いで引き返した。

「前からこうだった訳じゃないのよ」

と、終末期の老人介護施設にお勤めの坂口さんは言う。

最近どうにも勤め先が人手不足で、離職者が後を絶たない。新人が入っても続かない。酷いときには入職して一日も保たずに来なくなってしまう者もいる。正看護師の資格を持つ坂口さんはこの施設では古株のベテランであるのだが、職場の空気の悪さを感じる。

「オーナーが悪いんだと思うんだよね。確かにやり手だと思うよ？　県内に施設の支店、っていうか分院を五軒もオープンさせてさ。海外にも別院を作るって息巻いてさ」

老人介護施設にも多々あるが、中には終末期の金持ち老人を看取ると称して、先のない老人から前払いで高額な入居費用を稼ぐ銭ゲバなビジネスもある。機に聡いオーナーは、海外展開を見越して中国から外国人教育実習生を受け入れた。

実習生は「将来のため」「海外展開の際は優先的に雇用を考えている」と言葉巧みに安い給料でこき使われた。酷い待遇にも拘わらず彼ら彼女らは厭な顔一つせず働き、そして笑顔で帰国した。最後の実習生が施設を去るときには、「お世話になったので」と職場の人々全員に国から持ってきたという土産を配って帰るほどだった。お人好しにもほどがある。

「施設の空気が変わったのは、この後くらいからだと思う」

オーナーが病魔に冒され、上司も窶《やつ》れ果てて倒れた。坂口さんは古株故に辞める訳にもいかず、ただただスタックされていく日々のルーチンに追われる日々を送っていた。

友人の愚痴に付き合う筑紫さんは、彼女の話を聞かされてから、ずっと気になっていた。SNSやメッセンジャーソフトの会話越しにその話題が上がるたび、何やらイメージが湧き起こるのだ。黒い靄に包まれた鉄筋造りの建物、そこで働く坂口さん、そして坂口さんの上司らしき白衣の女性。その女性もまた黒い靄に覆われている。

肉眼で見えている訳ではないのだが、そうしたイメージが脳内に像を結ぶ。

女性上司を包む靄は濃い。背後に背負い袋のようなものを背負っている。その背負い袋は、女性上司の肩や首にやせ細った灰色の手足を伸ばしてしがみついている。

それは鬼であった。筋骨隆々なそれでなく、餓鬼に近い小鬼だ。灰色の貧相な身体をしているが、その眼だけは赤い。瞳も白目も全てが赤く、血が滾《たぎ》っているかのようだ。

その小鬼は、筑紫さんを見ている。いや、こちらが見ていることを小鬼に気付かれた。

筑紫さんは慌てて脳内のイメージから意識を逸らし、坂口さんに訊ねた。

「……あのさ、上司さんの様子、最近おかしくなってない？」

「うちの上司もちょっと前に病気で倒れたんだけど、病気やってから性格変わったかな」

「やっぱり。あのさ、実習生の人から貰ったものがあるでしょ？　それのせいじゃない？」

受け取ったのは栞だったという。ちょっと中華テイストだけど、さほど高価な品でもなさそうな量産品で、あまり記憶に残らない代物だった。と、思う。

「……それ、お焚き上げしよう。できるだけ早く」


坂口さんの家に向かう途中、筑紫さんにＳＮＳで知らせが届いた。

『しおりみつけた』『気にしてたから見てもらおうと思って』

添付されていた写真に、件の栞が写っていた。

何の変哲もない人物像である。木簡らしきものを広げ半身をこちらに向けた、古代中国の文官が着る道服姿の男性像が刺繍《ししゅう》されている。

が、それを見た瞬間、全身に百足《むかで》が這い回るような嫌悪感が走った。

「サカちゃん！　それすぐに消して！」

筑紫さんは自分のスマホの写真をすぐさま消し、坂口さんにも消すように命じた。

これは駄目だ。間違いない。これが諸悪の原因だ。栞から小鬼の気配がするのだ。

配った実習生には悪意の欠片もなかった、と坂口さんは言う。本当にいい子だった、と。

だが、その子に悪意がなくても他の誰かが仕組んだのかもしれない。騙されたか、利用されたか、何かと引き替えに誰かに托されたか。意図も何も知らされないままに。

『どうしよう。水晶に罅《ひび》が入ってる。どうしたらいい』

栞に注目し始めてから、坂口さんがお守り代わりに持ち歩いている水晶の数珠に異変が起きていた。くすんで罅が入り今にも砕けそうだ、という。

「その栞、ヤバいかも。もうじき着くから、その足ですぐにお焚き上げに行こう」

筑紫さんは到着した待ち合わせ場所で、坂口さんの車の助手席に乗り込んだ。

その瞬間、猛烈な吐き気に襲われた。見ると運転席の坂口さんも同様に嘔吐《えず》いている。

後部座席に小箱が放り出されている。これに栞が入れられているのは間違いなかった。

「その栞、職場の人全員に配られたとき、私、休んでたんだよね。後から私の分だって渡されて……確かそのはず。でも、部屋に置きっぱなしだった間は平気だったんだよ。なぜこんなものを部屋に置いていて平気だったのか、そっちがさっぱり分からないけどね」

栞を後部座席に積み、車を家の敷地から出した瞬間から坂口さんも吐き気を催していた。ヤバい。ヤバい。ヤバい。ヤバい。ヤバい。ヤバい。それ以外の言葉が一つも出てこない。車を飛ばし、栞を引き取ってくれるという寺に駆け込んで、小箱ごと住職に手渡した。

「では、確かにお預かりします」

その瞬間、治まることのなかった嘔吐きが治まり、何もかもがクリアになった――。

「ところで、水晶。アレどうしたの？」

「そういえば……あれ？　確かに二箇所くらい罅が入って今にも割れそうだったのに！」

坂口さんの水晶からはくすみも罅も消えていた。透き通り、まるで新品同様だった。


お焚き上げを終え、栞を処分したことで小鬼との縁は切れた――と思っていたのだが、そうではなかった。恐らく、栞が本体でなく、あれは中継手段なのではないか、と筑紫さんは考えている。言うなればアクセスポイントのような。何しろ、栞は「職場の人全員」に配られている。あれが最後の一枚ではないのだ。

上司の背中には依然として小鬼がいるという。坂口さんは早々に退職を決意した。

筑紫さんは今も小鬼に目を付けられたままである。

鬼のごとき

明子さんは高校卒業後、予備校通いをしていた。夕方、自宅へ戻ると母から茶色の封筒を渡された。

「切手を貼り忘れちゃったのかしらね」

封筒には、差出人の名前も住所もない。自宅にいた母親が、切手代を払ってくれた。明子さんはその場で封を開ける。中には半分に折られた白い紙が一枚入っていた。

紙を取り出し、開いてみる。紙にはコピーを数回繰り返して失敗したようなものが、印刷されていた。文字だと思うが、インクが薄く擦《かす》れている。全く読めない。明子さんの住所と名前は手書き。最初から切手を貼らずにポストに放り込んだのだろう。嫌がらせだと思った。

「ただの悪戯。また来ても絶対に受け取らないで」

母にお願いした。その手紙は丸めて、ゴミ箱に放り込んだ。

再び同じ封筒が届くのではないかと心配はあったが、一カ月経っても来ることはなかった。もう大丈夫だろうと安心した頃。高校三年生のとき同じクラスだった友人と、電話で話をした。内容は友人の専門学校生活の相談。その話が済んでからだ。

例の手紙の件になった。

「あれ送ったのは明子って聞いたよ」

友人の言葉に驚いた。

手紙は当時、仲良くしていたグループ全員に届いていた。犯人は明子さん――仲間の間で、そういう話になっていた。犯人だと言い出したのは『由美子』というグループの中の一人だ。高校卒業後は地元の短大夜間課程に通っている。

「手紙の宛名の筆跡が明子と似ている」

これが理由らしい。明子さんは自分の知らないところで犯人にされていたことに、激しい憤りが湧き上がった。

由美子に直接「違う」といった所で、また何を言われるか分からない。

とりあえず電話で話をしていた友人は、彼女が出したのではないと理解してもらえた。

機会があれば他の仲間の誤解も解いておく。そう友人から言ってもらえてほっとした。

それから暫くしてからのこと。由美子から「会おう」と連絡が来た。

(どういうつもりなのか。会ってはっきりさせよう)

待ち合わせ場所へ行くと、由美子の隣に見知らぬ男性が立っている。由美子の彼氏だった。二人は何処へ行くにも、誰と会うときも一緒らしい。彼氏は社会人とのことだが、しっかりした印象はなかった。

「明子の彼氏は何で来ないの。呼びなよ」

平日の昼間に呼び出して、すぐに来られるような人ではないと説明する。その後の会話も酷いもので、高校生のときは髪が汚かった、もっと太っていたなどと明子さんの過去に駄目出しを始めた。

「俺も、アルバム見て知ってるよ。頭爆発してて笑った」

隣で聞いている彼氏も、追い打ちを掛けるようなことを言う。

髪も体系も卒業後に改善した。それが気に入らないらしい。二人に責められていると、地獄にいる気分になる。どのタイミングで帰ろうか。そんなことばかり考えた。

「大学進学後は県外に出るから、一人暮らしをする予定」

明子さんは元々地元訛《なま》りのない話し方をする。その口調でこう言ったのが面白くなかったのか、由美子のほうからその場を去った。

最後まであの手紙のことは黙っていた。これは正解だったと思う。

由美子の両親がお金に困っているのは知っていた。親のお金で好きなことをしている明子さんに、腹を立てていたのかもしれない。

隣にいる彼氏の万引き自慢を、誇らしげに話していた。自分のほうが上だと言いたかったのかもしれない。

きちんと会ったのはこれが最後だ。彼女から連絡が来ても、理由を付けて断った。

明子さんは進学を期に、一人暮らしを始めた。その頃、妙な夢を見た。

「今、前を歩いてる人。向こうは気付いてないけど、私の知り合い」

——田舎を馬鹿にしている嫌な奴。

後方からこう聞こえた。振り返ってみる。少し離れたところを由美子が歩いている。鬼のような形相で明子さんを見ている。そういう夢だ。

それ以来。夜道を歩いていると前方を歩く人が驚いた顔をして、振り向くことがある。

走って逃げる人もいる。明子さんの後ろには誰もいないのだから、彼女を見て逃げたことになる。

部屋にいても視線を感じることがある。

洗濯物を干すときと、取り込むときにベランダから下を見る。彼女の住まいはマンションの三階。過去に洗濯物を地面に落としたまま気付かなかったことがあり、それ以来、確認する癖が付いた。

ここ数日。下に植えてある植木のところに何か白いものが落ちている。白地に何か描いてある。一階に下りてみても見つからない。ベランダからだと確認できるのだが、乱視で見るような感じでぶれる。

今日こそはと下を見て粘っていたとき、背中を強く押された。身体が手すりに強くぶつかる。落ちそうにはなっていないが、打ったところが痛んだ。

何度か実家のほうに高校の同級生を名乗る相手から電話があった。

「この苗字の人、知ってる?」

母に確認された。

——由美子だ。

母は「本人の許可がないと、娘の連絡先は教えられない」と突っぱねた。

（探されている）

見つかればまた何かされそうで怖い。夢の件も含め随分と悩んだが、ある日を境に全てがぴたりと止んだ。理由は分からない。

夜の県道

地方の小都市を通る県道では、午後十時を過ぎれば車の交通量は少ない。何処からか、花や若葉の香りが風に運ばれてくる初夏の夜更け。当時二十九歳の男性会社員Oさんは、仕事を終えて車で自宅へ向かっていた。

大きなカーブの出口に差しかかったとき、ヘッドライトが路上に転がっている青い靴を照らし出した。子供用の小さなスニーカーの片方らしい。Oさんはそれを避けることができずに轢《ひ》いてしまった。

やがて交差点で赤信号になり、車を停めたときのこと。

バン！　バン！　バン！　と、いきなり運転席のドアガラスが叩かれた。

何事かと驚いて右手を見れば、更に驚かされた。ドアガラスに顔を寄せて、女が一人立っている。赤いパジャマを着た、見知らぬ女であった。

「開けてえ！　開けてえ！」

ドアガラスをまた平手で叩く。何か切迫した事情があるらしい。

Oさんはバックミラーを覗き、後続車がないことを確認すると、ドアガラスを下ろした。

「子供がいなくなったの！　一緒に捜して！」

と、女が必死の形相で叫ぶ。三十代半ばくらいの小太りな女で、髪がぼさぼさに乱れていて、美しくなかった。片手に青いスニーカーを持っている。

「はあぁ……？」

Oさんは何と答えたら良いのか思いつかず、間の抜けた声を出してしまう。

すると、女の顔つきが変わった。口元に〈にやり〉と狡《ずる》そうな笑みを浮かべたのだ。そして、その姿が幻のように消えてしまった。

（うわっ！）

Oさんは驚きの余り、悲鳴を発することもできなかった。いつしか信号が青に変わっている。アクセルを一気に踏み込んで逃げ去った。

（あれが、幽霊なのか……？　初めて見た！）

鼓動が激しくなってくるのを懸命にこらえて車を飛ばした。

一人暮らしをしているアパートに到着すると、瓶入りのカクテルを二本飲んで、すぐさまベッドに入った。明日も午前八時から仕事があるし、帰路の出来事を忘れたくて、早く眠りたかった。

Oさんは夢を見た。彼は青い小さな靴を手にして、夜道に立っている。先ほど帰路に通ったのと同じ県道の、大きなカーブが出てきた。彼はその道路の真ん中に靴を置く。

間もなく彼の五体は宙に浮かんできた。上空から道路を見下ろす。

車が一台走ってきたが、靴を避けて通過していった。

少しの間があって、通り掛かったトラックが靴を轢いた。

次の瞬間、Oさんの身体は地上に降り立っていた。しかも、道路に置いたはずの青い靴を手にしている。

交差点の信号が赤になって、先ほどのトラックが停車した。Oさんはトラックに駆け寄ると、運転席のドアガラスを数回叩いたが、運転手は気付かないのか、こちらを見ようとしない。

「こいつは駄目だ」

Oさんはトラックから離れた。そこで目が覚めたという。

彼はこの夜から四夜続けて、ほぼ同じ内容の夢を見た。いずれも青い靴を道路に置いて、それを轢いた車だけに近づき、ドアガラスを叩くが、運転手に無視される。

五夜目は仕事が休みだったので、夕方の早い時間から自宅で酒を飲んでいた。そして酔いが回り、午後八時前には眠ってしまった。

また同じ場所で同じことをする夢を見たが、時間が早いせいか、夢の中でも多くの車が道路を走っていて、靴を踏んでくれる車も多かった。この夜三台目の車のドアガラスを叩くと、運転席に乗っていた女がこちらを見て、目を丸くした。だが、顔を引き攣《つ》らせるばかりで、ドアガラスを下げようとしない。じきに信号が青になると、急発進で走り去ってしまった。

七台目で漸く、五十絡みで胡麻塩頭の男が、訝《いぶか》しげな顔をしながらドアガラスを下ろした。Oさんは、ここぞとばかりに、

「子供がいなくなったんです。一緒に捜して下さい！」

と、手にしていた青い靴を見せながら叫んだ。何故そんなことを口走ったのか、さっぱ

り分からない。Oさんは独身で、子供もいなかった。

「……子供……？」

男が目を見開いて、困惑の表情を浮かべる。

Oさんはそこで目が覚めた。


寝床の近くに置いてあったスマートフォンが鳴っている。

時計を見ると、午後九時を過ぎていた。電話を掛けてきたのは、ここ半年ほど連絡を取っていなかった、隣町に住む旧友であった。

「生きてるかっ⁉　そうか！　良かった！」

唐突にそう言われて、何事かと思っていると、旧友はこんな話をした。

旧友は先ほどまで県道を車で移動していたが、赤信号に差しかかって停車した。他にも前に二台の車が停まっている。そこへ、小さな靴を持った男が何処からともなく現れて先頭の車に近寄り、ドアガラスを叩いて運転手に何か話し掛けていたそうである。

「それがお前にそっくり……いや、そのものだったんだよっ！」

旧友が見たOさんは、上下グレーのジャージを身に着けていて、裸足であった。

（Ｏじゃないか！　こんな道路で何をやってるんだ？　危ないな！）

旧友が不可解にも危険にも思って声を掛けようとすると、たちまちＯさんの姿はマンホールにでも落ちたかのように消えてしまったという。

「でも、よく見たら、そこにマンホールなんかなかったんだ。だから、ひょっとしたら、お前が死んだんじゃないか、それを俺に知らせに出てきたんじゃないか、と思ったんだよ！」

旧友の声はかなり興奮していて、悪い冗談には思えなかった。実際、今のＯさんの服装も上下グレーのジャージだったし、先ほどまで見ていた夢の内容とも一致している。

「じゃあ、あれは夢じゃなくて、本当に……」

Ｏさんは暫し絶句せずにはいられなかった。


それ以後、同じ夢を見ることはなくなった。旧友が、夜の県道をうろつくＯさんの姿を見た、と報告してくることもないそうだ。

Ｏさんは難しい顔をして考えながら、こう語ってくれた。

「鬼ごっこ、みたいなものじゃないかと思うんです。最初の女が鬼で、次が僕、その次があの小父《おじ》さんだったんでしょう。……鬼に話し掛けられて一言でも声を発したら、寝ている間だけ魂が抜けて鬼になってしまうようです。何でそうなるのか、全く分かりませんけれど……。今も誰かがあの道路で、鬼をやらされているのかもしれません」

例の県道では、過去に死亡事故が何件か発生しているが、この出来事と繋がりがあるのか否かは、Oさんにも分からないという。

色鬼の思い出

小学校の裏手に『色鬼公園』という公園があった。正式な名称ではない。遊具がカラフルに塗られていて、色鬼で遊ぶのに適しているので勝手に付けた名前だ。

色鬼のルールは簡単だ。まず鬼が「赤！」などと色を指定してから子を追いかける。子は鬼から逃げながら、指定された色の物を探さなければならない。鬼に捕まらずに指定色の物にタッチできればセーフ。捕まったら鬼交代、という遊びだ。

放課後、碓井さんはクラスメイト達と色鬼公園に通っていた。

そのときは鬼が『むらさき』を指定し、碓井さんは焦っていた。むらさき色はこの公園で一番少ない色で、タッチしやすい場所にある遊具は別の子達に先取りされてしまった。同じ物にタッチできるのは一人までと決まっている。背後に鬼が迫り、「もう駄目だ」と思ったとき。近くに知らない大人が立っていた。

その人はむらさき色の無地のトレーナーを着ていた。切羽詰まっていた碓井さんは、つい、その人にタッチしてしまった。「ズルって言われるかな」と不安になったが、鬼役の友達が残念そうに次の色を思案し始めるのを見て、碓井さんは胸を撫で下ろした。その人は「良かったね」と碓井さんを見下ろして笑った。

そういうことが何度かあった。困っているときにちょうど指定されている色の服を着て現れる。同じ日に何度も現れることもあった。

初めは何とも思わなかった碓井さんも、だんだん奇妙に思い始めた。そのうちに色鬼ブームは下火になり、色鬼公園に行くこともなくなった。

随分後になって、同窓会でその頃の話題になった。碓井さんの他に一人だけ覚えている友人がいたのだが、彼女は「ちょっと不気味な人だったよね」と言うのだ。

彼女は、なかなか鬼を交代できないことに腹を立て、碓井さん達と喧嘩になったことがあったらしい。みんな怒って帰ってしまい、公園には彼女だけが残された。

「可哀想だね。こっちの仲間に入れてあげようか?」とその人は言った。

友人が苛立ち交じりに断ると、今度は「あなた、一生鬼だよ。鬼のままだよ。いいの?」と言う。

その途端、無人のはずの公園に、沢山の声と、足音と、大勢の人間の気配が、急に湧いて出たように感じられた。

怖くなった友人は、一目散に色鬼公園から逃げ帰った。

「……思えば、それから来なくなったかも」

それを聞いた碓井さんは、大切にしていた思い出がたちまち怖くなってしまったそうだ。

かくれんぼ

最初に取材で会ったときに、サチオは経験していない記憶があるのだ、と言った。


山間の村で友達と一緒にかくれんぼをしている。

友達は年上の子も年下の子もいて、皆着物を着ている。

季節は晩夏から秋に掛けてだろうか。遊んでいるのは神社の境内だ。もう陽は傾いていて、周囲は陰ってきている。ほのかに夕食の香りが漂ってくる。

鬼役は自分で、最後の子を見つけたら解散だ——。


そんな経験はしたことがない。両親ともに東京生まれの東京育ちで、親族の中にもそんな田舎に住んでいる者はいない。だから山間の村に遊びに行ったこともない。

思えば着物に腕を通したこともない。

だが、大学に入った頃に、不意にそんな記憶を〈思い出した〉。

経験していないのだから、特に悩むこともないはずの記憶だ。書籍で読んだかテレビで観たか。そんな情報が脳の中で醸成されて、経験したことのない記憶を作り出してしまったのではないか。

サチオ自身はそのように考えた。

念のために両親に訊いても、そんな場所に連れていったことはないという。

安心した。安心はしたが、その記憶を忘れることができずにいた。一緒に遊んでいた友達の名前も覚えているし、その子が何処でどんな失敗をして笑いを取ったか、というような記憶もある。何より、何かとても懐かしいような感じがするのだ。

それから時々、そのときの記憶を反芻《はんすう》するにつれ、実際に自分が幼少時に体験したかのように、細かいディティールまで思い出していった。

そのかくれんぼの末、彼は無事に友人達を見つけ出す。

全員揃って、それじゃ帰ろうよと声を掛けると、友人達はにっこり笑って告げる。

「それじゃ、次は鬼が隠れる番ね」

そう言われて、サチオは焦る。

——そうだ。そういうルールだった。

走って境内を横切って、茂みの奥に移動する。みんなが百数える前に隠れなきゃ。

周囲はもう真っ暗だ。

早く見つけてもらわないと帰れない。今日の夕飯は何だろう。

お母さんも待っているだろう。

もう帰らなきゃ。

だが、いつまで経っても、もういいかいの声が聞こえない。

もう百は数え終えただろうに。

初めてそこで気付く。もう友達は誰も神社の境内にいない。

キャアキャアと笑っていた声も聞こえない。

どうしたのだろうと木の後ろから顔を出すと、巨大な黒い影が、境内の真ん中に座っている。その影の頭からは、ねじくれた角が生えている——そんな記憶だ。

境内の真ん中に、大きな鬼がいる。

勿論鬼は想像上のものだ。だから、この思い出は、脳が勝手に作り出したものだ。

そう考える自分がいる一方で、どうにもリアル過ぎて、それだけでは説明が付かないのではないかとも思う。

記憶はそこで途切れていて、その先がどうなったのか分からなかった。

曖昧な話である。自分の脳が作り出した偽の記憶か、夢の中での出来事か、もしかしたら前世の記憶かもしれない。サチオはそう考えることにした。前世の記憶は科学的ではないにしろ、ロマンがある解釈だ。

サチオと再会したのはそれから半年近く経ってからのことだった。

彼は、先日、成人式に行ったのだと話し始めた。

そこで小学校の頃の同級生と会って、懐かしいねって言い合ってたときに、その記憶の話をしたらしい。すると、同級生の一人が、不意に何かを思い出した顔をした。

「それで、そいつが言うんですよ。お前、小学校四年のときの林間学校で行方不明になったときに、同じ話したぞって」

ただ、サチオには林間学校の記憶はない。何故かそのときの記憶がすっぽりと抜けているという。

何があったっけと問うと、彼はサチオが半日ほど行方不明になったと答えた。そのときに、サチオはかくれんぼの鬼になって、ずっと隠れていたと答えたらしい。

全く記憶にない。

同級生は、お前忘れちまったのかよと、呆れた顔を見せた。

「俺達、そのとき散々お前にビビらされて、トラウマみたいになってるんだよ。なぁ。サチオ酷かったよな」

その言葉に、周囲の同級生も次々に頷いた。

「お前、次は大人になったら鬼が見つけに来るって言ったんだよ！」

成人式だからって仕込んでくるんじゃねぇよと笑う同級生の言葉に、サチオも釣られて笑ったが、内心どうして良いのか分からないのだという。

百目鬼伝説の残る地で

栃木県宇都宮市北部を走る環状道路のすぐ側に、「長岡百穴古墳」という名の史跡が存在する。

七世紀前半頃に造られたと推測される、凝灰岩の地層に彫られた横穴式の墓穴群は、栃木県の指定文化財として保護されている。

更にこの場所では、「百目鬼《どうめき》」と呼ばれる鬼の伝説が、今なお語り継がれている。

平安時代、藤原英郷《ふじわらのひでさと》に退治された妖怪・百目鬼は、長岡百穴に四百年もの間、身を隠し、傷ついた身体を癒したとの言い伝えがある。百目鬼の名前の由来は、「百の目を持つ鬼」だという説と、「百匹の鬼の大群の頭領」だという二つの説があるのだが、この諸説に関して気になる目撃談を続けて聞くことができた。

＊

長岡百穴周辺の丘陵地帯は、他にも幾つかの古墳群や遺跡が分布する一方、以前から新興住宅地として急速な宅地化が進んでいた。

その住宅街に居住する主婦・有田さんのお宅に、ある日警察官が訪ねてきた。

有田さんの自宅の前の道路で、近隣に住む老婦人が連れていた小型犬が、不運にも見知らぬ大型犬にかみ殺され、その目撃情報を聞き込んでいるという。しかし、そんな大型犬を飼っているお宅を、有田さんはこの辺りで見たことも聞いたこともなかった。

その後、有田さんは噂好きな近所の主婦仲間から、「老婦人のワンちゃんはかみ殺されたのではなく、『何か』に遭遇して驚いてショック死したらしい」との情報を得た。その『何か』が、

「二本足で立ち、全身赤黒い肌の、毛のない猪のような顔をしたバケモノ」

当初、老婦人はそう証言していたのだが、「そんなことを吹聴して、他人様からおかしな目で見られては困る」と、家人から訂正させられたのだという。

老婦人曰く、突如行く手に現れたバケモノは、こちらが叫び声を上げると、有田さんの自宅の裏手にある林の中へ飛び込むように逃げていったそうだ、と――。

＊

長岡百穴の北側に位置する森林公園は、飼い犬を散歩させたり芝生で遊ばせたりする愛犬家の姿が、多く見られる公園である。

今井さんとペットの柴犬・麻呂《まろ》も、緑豊かな広々としたその公園がお気に入りで、わざわざ車で遠方から頻繁に訪れていた。

ある昼下がりのこと、今井さんが公園内の林道を麻呂とともに歩いていると、麻呂がいきなり藪に向かって吠え始めた。飛びかかる勢いの愛犬のリードを必死に引っ張り、一体何を見つけてそんなに興奮しているのかと、藪の中を覗くと――。

ギャヒギャヒギャヒギャヒギャヒ！

およそ聞いたことのない不気味な声を上げながら、奇妙な生き物が七、八匹群れをなして山奥へと駆けていく。

大型のブルドッグのようなずんぐりとした身体。だが、鳴き声だけではなく明らかに犬と違ったのは、その身体がヌメヌメとした光沢を帯びた青緑色をしていたことであった。

加えて今井さんの愛犬家仲間の知人も、同公園の人気《ひとけ》のない広場で、ニホンザル程度の大きさの動物が車座になっていたのを目撃している。赤茶色の無毛の身体で尖った耳をしていたこの不思議な生き物も、人の気配を感じ取ると蜘蛛の子を散らすように森深くへ姿を隠したという。

この未知の生物に関する彼らの共通意見は、「ファンタジーゲームに出てくる、ゴブリンっぽかった」であった。

＊

長岡百穴の眼前には、史跡を訪れる人のために無料の駐車場が設けられている。

近隣の住宅街に住む、スポーツ少年団に所属するお子さんを持つ青木さんは、車の乗り合いで遠征試合に出かける際、時々その駐車場を利用させてもらっていた。

ある日の遠征の折、集合時間までの間、子供達が百穴の周辺で遊んでいたところ、

「石を投げてくる子がいる」

と、子供達が騒ぎ出した。

彼らの指さす先は、墓穴が掘られた岩山の上。登ってはいけないよと教えている場所に、

一体誰が？

目を凝らした青木さんが岩陰に見つけたのは、悪戯に興じる子供の姿ではなかった。

それは、西洋建築の屋根に取り付けられ雨樋の役割を担う青銅色の身体をした「ガーゴイル」に似た、大きな目と口を持つ未知の怪物であった。

青木さんが、「確実に、目が合った」というその怪物は、跳ねるように茂みの奥に姿を消してしまったという。

これらの目撃談から考察するに、長岡百穴に隠れ住んでいた「百目鬼」とは、やはり「百の目を持つ鬼」よりも、「鬼の大群を率いていた頭目」であったという説のほうが、有力なのではないだろうか。

「ゴブリン」は「小鬼」とも訳されているし、魔物を象《かたど》った「ガーゴイル」は、恐ろしい容姿で「家を護る」という意味合いを持つ、日本の「鬼瓦」とも重なる。

体験者が目撃した異形のモノ達が、百目鬼に仕えていた鬼の大群の末裔か、はたまた平安の世から生き続ける鬼そのものであると考えるのは、決して荒唐無稽な推論ではなかろう。

長岡百穴周辺一帯は、環状道路の拡張に加え、宅地の開発も更に進んでいる。棲み処を狭まれつつある鬼達が、今後どのような形で人々の前に現れるのか、引き続き取材したい案件である。

彷徨《さまよ》うイクラ

秋代さんの勤務先の近くに、公立の中学校がある。学校全体をぐるっと囲むように細い道があり、道と敷地の間にはフェンスが設置されている。校舎の隣に、比較的新しい建物がある。運動部の部室だ。

旧部室の頃、秋代さんは高校生だった。その当時、部室で男子生徒が首を吊って自殺。地方紙の片隅に小さく載ったことがある。同級生の母親がこの中学校で勤務していたから知っていることで、地元でもこの件を知る人は少なかったと思う。

部室があった場所は校庭の外れで、現在の場所とは違う。現在は木や花が植えられ建物の面影はない。

ある日、勤務先近くでちょっとした騒ぎがあった。

近くに住む年配の男性が学校脇の道で、竹箒を振り回した。秋代さんもその騒ぎを生で見たが、一心不乱に何かを叩き落とそうとしているように見えた。男性は家族に捕まると、自宅へ押し込まれた。

　昼間の出来事だったが、秋代さんには思い当たることがあった。

　部室の建て替えを行ってから、小さな赤い玉のようなものが飛んでいるのを見かけることがある。大きさは野球ボールくらい。ふわふわと浮いている。鬼火や人魂といったものは見たことがないが、こういうものもあるのかと思った。

「大きなイクラみたいだな」

　それは短時間で消える。

　赤い玉を初めて見た日。

　何故だか急に、山へ行きたくなった。仕事の帰り道。遠回りして車を近くの山へ走らせた。山の頂上のほうへ行くつもりが、道を間違え火葬場に着いた。山頂までは、ほぼ一本道で複雑ではない。自分でも、何故こちらへ来てしまったのか分からなかった。

　火葬場の入り口は閉ざされている。敷地へは入れない。周囲に明かりはなく暗い。無人の火葬場にいると、流石に怖くなった。

　急いできた道を戻ろうと車を動かしたとき。敷地の中、車から離れた場所に誰かしゃがみ込んでいるのが目に入った。

一瞬のことだ。白っぽい服装だから、暗くてもよく見えたのだと思う。車を一時停止したとき、確認したが誰もいなかった。

秋代さんも中学生時代にあまりいい思い出がない。何かの拍子に、自分も同じような道を選んでいたのではないかと考えることもある。

そんな状態だからおかしな体験をしたと思った。


——あの男性は、あの校庭に飛ぶ何かを落とそうとしたんじゃないか。

近くまで飛んできたのだろうか。秋代さんはまだ、学校の敷地の外で見たことはない。

その後。箒を振り回していた男性を何度か見かけたが、家族に支えられないと歩けないほどに衰弱していた。

首吊りした生徒は、床に座り込むような形で発見されている。

ふわふわ飛ぶイクラ——あれは近くで見ないほうがいい気がした。

魚の餌

会社員の留美さんは、一人暮らしをしている。年末年始は必ず実家で過ごすことになっており、七十を過ぎた母親と彼女が子供の頃の話をすることが増えた。

昔飼っていた犬との思い出、小学生のときの予防接種のことなど。母は些細な出来事ほど嬉しそうに聞いていた。

「そんなことあったかしら」

年のせいか、もう覚えていないと笑う。

その話の中に、彼女が母の実家のある秋田県へ遊びにいったときの話がある。

小学一年生のとき、一週間ほど出かけた。夏休みのことだ。父は仕事の関係で同行していない。旅の間、母の実家に泊まり、観光は叔父の運転する車で移動した。

留美さんには二つ年下の妹がいる。一緒に行ったはずだが、妹のことは何故か記憶からすっぽりと抜け落ちていた。

叔父はよく喋る明るい人柄。留美さんは苦手だった。叔父は車で、あちこち連れていってくれた。移動中は母が助手席、留美さんが後部座席に乗った。

山道を走っているときだ。途中で、叔父が車を停めた。眺めのいい場所で、山々がよく見えた。

「あそこにナマハゲがいる」

叔父が道の先のほうを指さした。

「あら、本当」

母も「ナマハゲがいる」と嬉しそうだ。秋田に来たなら見ておきたい。留美さんも車の窓を開けて叔父の指さすほうを確認した。

――ナマハゲなんて、何処にもいない。

何度も「何処にいるのか見えない。分からない」と繰り返す。叔父は「あそこ、あそこ」と教えてくれた。母も同様だ。

ナマハゲがいると指さす方向には、木が生い茂っているだけだ。見えない自分がおかしいとさえ思った。

『見ろ、見ろ、見ろ』

母と叔父以外にもう一人、外に誰かいる気配がする。ナマハゲを見ろと強く命令してくる。

「あ、見えた。見えたよ」

本当は見えていないが、嘘を吐いた。その後も叔父は車を停めては「あそこにナマハゲがいる」を続ける。そのたびに見えない気配が強くなっている気がした。

ナマハゲは秋田県なら何処にでもいるものなのか。何故自分にだけ見えないのか。そんな疑問を感じながら、車は母の実家へ向かった。

実家は二階建てで、部屋数も多い。彼女達は一階の和室を使った。

二階には従兄弟の部屋がある。そこには行かないでほしい。だから二階には上がらないでくれと着いたときに祖母から言われた。

母は祖母の手伝いをしていることが多くその間、留美さんは一人になる。テレビは退屈。そこで、こちらに来てから買ってもらった紙人形で遊んだ。一人で紙人形と話をする。慣れるとこれはこれで楽しい。夢中になって遊んでいると、彼女とは別の声がした。

短い言葉。一瞬のことだ。声の主の性別も判断できない。

また聞こえた。留美さんは立ち上がり廊下を進む。その先に階段がある。声が二階からした確信はないが、そちらが気になった。階段下から上のほうを、覗き込むように見る。階段は途中で曲がっており、従兄弟の部屋は見えない。

今、二階は無人。こっそり部屋を覗いても大丈夫な気がした。勝手に二階へ行ったくらいで、酷く怒られることはないと思う。留美さんはどうしようか迷った。

そのとき、二階からドタドタと乱暴に走る音がした。

(誰かいる)

慌てて元いた和室に戻った。その後も一人で紙人形遊びを続けたが、もう声は聞こえなかった。

母は秋田へ行ったことは覚えていたが、旅の詳細については忘れていた。ナマハゲを見たことも覚えていない。

このとき、妹はどうしていたか。そんなことも訊ねてみたが、母も覚えていなかった。

彼女が母の実家へ行ったのはこの一回きり。何か用があっても母は、他の家族を置いて一人で向かった。

「母に話して聞かせていると、もう一つ妙なことも思い出しました」

母の実家の居間に大きな水槽が一つ置いてあった。その水槽の中に、叔父が川で釣ってきたというナマズが一匹入っている。ナマズはいつもぷかぷかと浮いていた。

『見ろ、見ろ、見ろ』

――今度はちゃんと見ろ。

水槽のほうから声がする。

ナマズが一瞬だけ、肘から千切れた腕に見えた。

川の上流には大きな橋が架かっている。下を見ると足が竦む高さだ。その橋から落ちて死ぬ人も多い。

母と叔父が見たものが、本当にナマハゲだったのか。今も疑問だけが残る。

雪の日

朝、目が覚めると、窓の外が白かった。

数日前からの予報は当たった。関東に大雪。

雪はチラチラと舞っているが、歩けない程積もってはいない。

私は散歩に出ることにした。

まだ足跡の付いていない雪の畦道をレインブーツで歩く。

暫く行くと、白い石造りの鳥居が見えた。

鳥居から拝殿に続く石畳もうっすらと雪に覆われている。小さな手水舎《ちょうずや》の前で少し躊躇った後、手袋を外して作法通りに手と口を清めた。ハンカチで手を拭き、拝殿に向かう。

拝殿の頭貫《かしらぬき》に、鬼の絵が掛かっている。

昔、この辺りに恋を成就させることなく死んでしまった鬼がいた。神社の由来はその鬼を祀ったことだとも、鎌倉時代の有力者が鬼門封じのために建てたとも言われていた。

賽銭を入れて手を合わせようとしたところで、目の前の拝殿の扉が開いた。黒紋付と、白無垢姿の若い男女が立っている。

「あ、ごめんなさい」

私は端に寄って二人に道を空けた。

婚礼だ。こんな雪の日に大変だな……。

拝殿から出てきた男女は、静かに参道を歩いていく。男のほうがこちらに会釈をしたように見えた。

作曲家の瀧廉太郎を彷彿《ほうふつ》とさせる、丸眼鏡を掛けた色白の男だった。

雪景色の中、花婿と花嫁が鳥居を抜け、白く染まった畦道を進んでいくのを、私は黙って見送る。

二人の姿が見えなくなってから、もう一度拝殿の前に立った。

違和感を覚えた。

拝殿の中が暗い。誰もいない。寒い。

今しがた式を行っていたという痕跡がまるでない。

参列者なしで式を挙げたとしても、宮司や巫女もいないというのは不自然だ。

私は振り返る。

二人が歩いていった、畦道。

何処までも遠く続いているように見える。すぐ先には、民家があったはずだ。だが、何も見えない。雪のせいで白く靄が掛かっているから？　それにしても影すら見えなくなるものだろうか。二人の足跡は、もう雪に消されてしまったのだろうか。

しんしんと、雪が降ってくる。静かだった。

不意にぞくりとして、そのまま走って家に帰った。

帰宅してから、玄関に掛けてあるカレンダーを見た。赤口の日だった。

「あんた、こんな雪の中、外出てたの？」

台所から母が出てくる。

「ねえ、白無垢ってさ、角隠しの上に綿帽子も被ることってある？」

「はあ？　急に変なこと訊くね」

私の問いかけに、母が眉を顰《ひそ》めた。

「両方被るなんてないわよ、余程隠したい角があるみたいで嫌でしょ」

先刻の花嫁は、余程隠したい角があるようだった。

埼玉に住んでいた頃の話である。

都内へ

松本さんの話。

真っ昼間の八王子駅のホームで、長野方面からの特急列車の到着と発車を、いつものようにぼんやりと眺めていた。

発車ベルが鳴り、ゆっくりと動き出した列車は、次第に速度を上げていく。

見送っていると、不意に赤くて大きなものが視界に入った。

何だろうと目で追うと、それが巨大な顔だと分かった

車内に、一メートルはありそうな、一つ目の鬼の顔がある。

作り物だろうか。

だが、そう考えた直後、鬼の巨大な単眼がぐるりと動いて、松本さんと目が合った。

それは、〈お前、俺のことが見えているな〉とでもいうような表情を浮かべ、口の端を吊り上げて嗤った。

この間約二秒ほどだろうか。

作り物じゃないぞと身構えた松本さんの前を、特急列車はそのまま速度を上げて通過していった。

鬼の首

三十代の男性Oさんは、群馬県高崎市街地のアパートで一人暮らしをしている。

二〇一五年のこと、彼は急に体調が悪くなった。高熱が出たので仕事を休み、医師の診察を受けて風邪と診断され、処方された薬を飲み始めたが、すぐには治らなかった。

体調不良から三日目。昼過ぎに彼がアパートのベッドで横になっていると――。

突然、目の前に黒い靄が現れた。それがどろどろと蟠《わだかま》りながら、大きなものへと変容してゆく。

やがて現れたのは、鬼の首であった。

Oさんの頭部の二倍は優にある。肌は真っ黒で、大きな目が黄色く光っていた。頭に角は生えていなかったが、何故かOさんは「鬼だ！」と直感した。鬼の首は耳まで裂けた口を開け、牙を剥いて迫ってくる――。

高熱を発していたOさんは身動きが取れず、恐怖に目を瞑ることしかできなかった。

そのとき、枕元に置いてあった携帯電話が鳴り響いた。

ぎくりとして目を開けると、鬼の首が再び黒い靄へと変わってゆく。そして一瞬ののちに靄は霧散した。

電話に出ると母親からで、「お祖母ちゃんが亡くなったんだよ」との知らせであった。

とはいえ、高熱のせいで、暫くはベッドから起き出せそうにない。

(困ったな。どうしよう……)

だが、不思議なことに、小一時間も経つと急に熱が下がって体調が回復してきたので、Oさんは高崎市郊外にある実家へ向かった。

そこで集まっていた家族に体調が悪かったことを話すと、家族全員が、

「俺もだ」

「私もそうだったよ」

と、ここ何日か体調が悪かったらしい。

その上、全員が、黒鬼の首が飛びかかってくる同じ夢を見ていたそうだ。

ちなみに、Oさんの祖母は長年寝たきりで重度の認知症となり、介護施設に入所していた。だいぶ前から家族の顔も忘れてしまい、会話もできずに眠っているばかりの状態が続いていたという。

鬼女

千葉県在住の四十代の女性Aさんから聞いた話だ。

ある晩、Aさんは中学生の息子と娘を連れて、最寄り駅の近くにある中華料理店へ食事に出かけた。駅前はロータリーになっている。三人が食事を終えて店から出てくると、Aさんはふと、近くに建つ雑居ビルが気になった。一階はコンビニで、二階の部屋は真っ暗なのだが、白いものが揺れ動いている。

よく見ると、それは全裸の女であった。

何か大きなものを片手に提げて窓際まで歩いてくると、窓ガラスに額や乳房をくっつけた。女が片手に持っていたものは、男の生首で、髪の毛を掴んでぶら下げていたという。

「わっ……」

Aさんは驚きの余り、呆然と足を止める。

「どうしたの、お母さん？」

娘に声を掛けられて我に返った。

「あ、あれ……」

本来なら、思春期の子供達に見せるべき光景ではない。だが、このときは気が動転していて、Aさんは一度娘の顔を見てから、雑居ビルのほうを指さしてしまった。

「なあに？」

娘と、それに続いて息子がそちらを見上げたが、

「あのビルに何かあるの？」

と、娘が訊き返してきた。

息子は無言で首を傾げている。

「あらっ？」

Aさんは愕然とした。

目を逸らした一瞬の隙に、女の姿が消えていたのだ。

(見まちがえ、だったのかな……？)

しかし、部屋の中が真っ暗だというのに、女の容姿がはっきりと見えたことからして不思議に思えた。女の頭髪はショートカットで、痩せていたが乳房だけは豊満で、年の頃は二十代後半くらいに見えた。

そして彼女が手にしていた男の生首は、Aさんが知る誰かの顔貌と似ている気がした。

けれども誰なのか、思い出すことができなかった。

「ごめんごめん。早く帰ろう」

Aさんは息子と娘を促して、その場から逃げるように離れた。

（一体、何だったんだろう？　それに、あの生首が本物だったら、どうすれば……？）

Aさんは思い悩んだが、他に同じ光景を見た者がいないことから、疲れていて目の錯覚でも起こしたのかもしれない、と考えることにして、警察には通報しなかった。


それから数日後。

Aさんは近所に住む友人の女性Bさんに、この出来事を話した。Bさんは酷く驚いていたが、更に数日が経って——。

「昨夜、私も同じものを見たのよ！」

Bさんは午前中からAさんの家を訪ねてきた。居間に招き入れると、こんな話を語ったという。

昨夜、Bさんは夫と中学生の息子との三人で外出し、列車で最寄り駅まで帰ってきた。駅の改札を出たBさんは、はたとAさんから聞いた話を思い出した。そこで件の雑居ビルの二階を見上げてみると——。

中背の痩せた女が窓辺に佇んでいた。やはりその部屋は真っ暗なのに、全裸の女体が明瞭に見えた。片手に血塗れの男の生首をぶら下げている。

「あっ、ほんとに……いるっ！」

Bさんは、思わず二階の窓を指さしていた。

「えっ？」

「何がいるって？」

事情を知らない夫と息子は怪訝《けげん》な顔をしたが、Bさんが指さすほうに目をやって、

「うわあっ！」

息子だけが叫んだ。

「何だよ？」

夫は依然として、怪訝そうに眉を顰めている。

「二人とも、何の話をしてるんだ？」

Bさんと息子は、今見ている地獄絵図を説明したものの、夫には見えていないらしい。

女は整った顔立ちをしていたが、口から赤黒い液体を垂らして、にたにたと笑っていた。まるで鬼女だ。Bさん達の視線には気付いていないようで、夜空を見上げている。生首となった男の返り血なのか、その全身に赤黒い液体を浴びていた。

「……電話しないと！　警察に！」

Bさんはハンドバッグからスマートフォンを取り出したが、一一〇番を押す前に女の姿と男の生首は、彼女と息子の視界から、音もなく消え失せてしまった。

「消えちゃったよ！」

「うん……。いなくなったね……」

呆然とする二人に向かって、夫が笑い出した。

「二人とも、さっきから何を言ってるんだ。そんな女、何処にもいやしないよ。第一、あのビルの二階はだいぶ前から空き家じゃないか」

夫の言葉に、雑居ビルの二階の窓をよく見ると、確かに『テナント募集中』と印刷された紙が窓ガラスの一部に貼られていた。入居者がいないなら、生身の人間による悪戯とも思えない。

「今の……幽霊、だったのかなぁ？」

Bさんと息子は同時に同じことを言いながら、顔を見合わせたという。


「でも、あのビルで殺人事件なんか、起きたことないわよねえ」

Bさんの話が終わるなり、Aさんは疑問を口にした。

「そうなのよ。事件があったなんて話、聞いたことないのよねえ」

Bさんも相槌を打つ。

原因は分からなかったが、Aさんは、

（やっぱりあのビルには、本当に男の生首を持った全裸の女の幽霊が出るのね）

と、確信した。

このときは、それだけで終わったのだが……。


その後、ひと月ほど経って、Bさんの夫が自宅の物置で首吊り自殺を遂げた。その知らせがAさんにも届いたとき、彼女はあることに思い至った。

（そうだ！　あの女が持っていた生首は、Bさんの旦那さんとそっくりだった！）

Bさんの夫は生まれつき癖毛で、もしゃもしゃの頭髪がトレードマークになっていた。全裸の女がぶら下げていた男の生首も、頭髪はもしゃもしゃだったという。

ただし、Bさんの夫は首を吊っただけで、その頸部が切断されることはなかった。

全裸の女が何者だったのかは、未だに分からない。Bさんの夫が自殺した原因は、女性絡みの問題ではなく、仕事上のストレスから鬱病になったためであった。

また、Bさんとその息子は、あの夜、確かに男の生首を目撃していながら、それが夫や父親のものだとは、全く気付かなかったらしい。

何故か親族でもないAさんだけが気付いたのだ。とはいえ、打ちひしがれているBさんを余計に悲しませることになると思い、そのことは告げなかったそうである。

おんなおに

「そういえば、鬼って何なんでしょうね」

潔子は取材の途中に不意にそう口にした。

鬼についての話を聞かせてくれという不躾《ぶしつけ》な依頼を二つ返事で引き受けてくれた彼女は、喫茶店のソファに腰掛けて、世間話の間も、ずっと何かを考えているようだった。

確かに難しい質問だ。鬼といえば桃太郎の鬼ケ島、節分の鬼、そして地獄の獄卒のイメージが浮かぶ。虎のパンツに金棒を持ち、口は裂けていて牙が生え、頭にはツノというお馴染みの姿。肌の色は赤青黒辺りが代表的か。

「うーん。人を食べることとか、ツノが生えてること、かなぁ」

そこから二人で鬼に関する考察が始まってしまい、いつまでも本題に入ることができなかった。

仕事の鬼、鬼ごっこの鬼、風神雷神だって鬼の姿だ。仕事に打ち込んでいる人のことを鬼と呼ぶこともある。鬼平犯科帳の鬼平も、正義の執行者ではあるが、鬼の平蔵と呼ばれている。

そういえば中国では幽霊のことを〈鬼〉と呼ぶ。

改めて考え始めると、迷路に迷い込んでしまう。

「鬼って、人ではないけど人の言葉が通じる相手で、そういう意味では、割と人と地続きの存在にも思えますすね」

潔子は、そこで一旦言葉を切った。

「それなら、あたしの遭ったものも鬼といっていいかもしれません」

成人して以来、最近は殆ど経験しなくなったというが、彼女にはこの世ならざる者が見える。特に高校時代はそれがピークとも言える時期で、世の中にはこんなに幽霊がいるものなのかと驚いた記憶があるという。

その殆どは生きているときと同じ姿か、身体の一部が欠けた状態だった。片手がない、両足がない、頭の上半分がない。それが生きている人に交じっている。

勿論最初は不快感も強かったが、人は慣れるものだ。

「ある日、朱色というかオレンジ色の振り袖姿の女の子が通り抜けたんです」

寒い冬の日だった。快晴だったがその分冷え込みが厳しかった。登校に使うバス停までは徒歩五分。マフラーに顔を埋めて下を向きながら歩いていた潔子が、前方から駆けてくる少女に気付いたのは、ぶつかる直前だった。

視界に入ったのはつま先だった。裸足と思って顔を上げると、ショートウルフの髪の色が目に入った。それは振り袖と同じオレンジ色だった。顔は見ていない。年齢もよく分からないが、ただ、自分より若い、まだ子供のように思えた。

咄嗟《とっさ》に避けようとしたが、その少女は、潔子の身体を通り抜けた。

一体今の女の子は何だったのだろう。周囲を見回しても振り袖姿の女の子はいなかった。立ち止まってきょろきょろしている彼女のことを、邪魔そうに追い抜いていくサラリーマン達。そのとき初めて、この世ならざるものが自分のことを通り抜けたのだと気が付いた。

変化が起きたのは、その夜からだった。

彼女の部屋は一軒家の二階にある。

自室のベッドに入っていると、部屋の外に延びる廊下に何かの気配がした。この違和感は何なのだろう。ドアの外に何がいるというのだろう。

待っていても気配が部屋に入ってくる訳ではなさそうだ。彼女は痺れを切らして声を掛けた。

「誰かいるんですか」

声を出してから後悔した。もし本当に誰かがいて、返事をしてきたら嫌だなと思ったからだ。

幸い返事はなかった。しかし気配は続いていた。

気のせいだと思って暫くベッドに横になっていたが、いつまでも気配は消えなかった。

寝苦しくて何度も寝返りを打つ。

——ああ、もうどうしよう

気になって寝られないのなら、何もないことを確認して安心すればいいはず。

そう腹を括ってドアノブに手を掛けた。

ドアを開けると、真っ暗な廊下には女がいた。それも何人も。皆、白帷子《かたびら》で、怒ったような顔をして猫背で両手をだらりと下げ、列を作って並んでいた。

女達には皆短い二本のツノが生えていた。

それを見た瞬間、もう駄目だと思ったのを覚えている。

ドアを勢いよく閉めると、鍵を掛け、部屋のライトを煌々《こうこう》と点けて布団に潜り込み、朝日が窓から差し込むまで震えていた。

階下から母親の声が聞こえたのは、眠気に耐え切れずにうつらうつらし始めた頃だ。気付けば学校に遅刻しそうな時間だった。

逡巡した後で部屋のドアを開けると、もう鬼女達はいなかった。


——ツノが生えていたよね。

その日は寝不足が祟って眠くて仕方がなかったが、彼女は図書室に向かった。昨晩見たものが何かを知りたかったからだ。

百科事典を引っ張り出して、女の鬼について調べ始めた。

それによると、どうやら日本には、女の鬼はあまり多くの種類はいないらしい。

調べている最中に、鈴鹿御前という名前も出てきたが、伝承の中では天女であるとも言われているという。

鬼なのか天女なのか、どっちなのだろう。潔子にはよく分からなかった。

後は山姥か鬼婆か。だが、これは自分が見た若い鬼女ではない。

そのとき、不意に〈道成寺〉を思い出した。

安珍と清姫の話を読んだのはいつだっただろう。多分中学校に入った頃だっただろうか。

嫉妬に狂った情熱的な清姫という少女が、自分を裏切った若くて美形の安珍という僧を追いかけていき、ついには道成寺の鐘の中に隠れていた彼を、口から吐いた炎で焼き殺すという話だ。

確か最後のシーンで、清姫は蛇になったか竜になったかしたはずだ。

潔子は道成寺を調べようと百科事典を繰っていった。その項目には〈道成寺縁起〉から引用された画像が掲載されていた。

蛇身が鐘を幾重にも巻き、周囲には炎が舞っている。

——嫉妬に狂うと、女はこうなるのか。

だが、彼女は、〈道成寺〉のストーリーに違和感を覚えた。だがそれが何から来ているのか分からなかった。

更に〈道成寺〉について詳しく調べるために能楽の本を手に取った。

ぱらぱらとめくっていくと、そこに女の鬼が目を剥いていた。

それは女の貌を象った面で、〈生成〉と書かれていた。

図版の説明を読んでいくと、嫉妬や恨みに狂って怨霊となった女の面だという。

本には、〈泥眼〉〈橋姫〉〈生成〉〈般若〉〈蛇〉〈真蛇〉と、様々な段階の女の面が載っていた。

左右に大きく広がる立派なツノを生やした般若の面は見たことがある。

〈泥眼〉〈橋姫〉にはツノが生えていない。

〈生成〉は、ツノが二本生えているが、やや短い。

〈生成〉よりも恨みの深いものが〈般若〉ということらしい。だが、〈般若〉すら変化の途中のようだ。

〈般若〉はツノが生えてはいるが、まだ人間の面影を残している。だが、〈蛇〉と〈真蛇〉の面には耳すらない。大きく裂けた口に、ぎょろりと剥き出した金色の眼球からは、確かに爬虫類のような印象を受けた。

なるほど、昨晩見たものは〈生成〉に違いない。

その後調べていくうちに、嫉妬が蛇の形を取るのはキリスト教でも一緒だということも知った。

だが、自分には、あんなに何人もの女達に嫉妬されるような心当たりはない。

――でも何で私のところに。あんなに何人も。

そこで初めて、潔子は自身の中を通り抜けた、あの炎のようなオレンジ色の振り袖を纏った少女に思い至った。

あの少女が、何か嫉妬されるようなことを、通りすがりになすりつけてきたのだろうか。

だが、少女が何者なのか、これからどうして良いのか、潔子にはさっぱり分からなかった。

帰りはもう暗くなっていた。

調べ物の疲労と寝不足とでもうぐったりである。

重い身体を引きずるように、とぼとぼと歩いていると、またあの気配が感じられた。振り返ると、白帷子の女達がゆっくりと自分の後をつけてきている。

――授業中にも、図書室にも気配はなかったのに。

鬼女達は普通に歩く速度の半分以下で歩を進めてくる。ここで走り出せば女達を撒くことはできるだろう。しかし、それにどの程度の意味があるかは分からない。

短いツノの生えた頭に、歯を剥き出しにして強張《こわば》った表情。白目が赤く染まっている。〈生成〉だ。

運良く鬼女達の背後にバスが近づいてくるのが見えた。バスは鬼女達を追い越し、停留所に停まった。

バスの階段を駆け上がる。出発したバスはぐんぐん鬼女達を引き離していく。

ほっとした。

鬼女達は、同じこの世ならざる者でも、自分が今まで見てきた幽霊とはどうやら違うようだ。明らかに何かの意思がある。きっと鬼と幽霊は何か別なのだろう。

潔子はどうして良いのか分からず、とにかくこの状況が通り過ぎてくれることを祈るばかりだった。

その夜も、鬼女達は廊下に並んでいるようだった。だがありがたいことに、どうしてだか分からないが部屋の中にまでは入れないらしい。

朝になると消えているのも同じだったが、それ日以来、鬼女達が後をつけてくるようになった。振り返って確認をすると、一人のこともあれば五人六人、それ以上のこともある。

しかも、何人いても、周囲の人たちからは見えていないらしい。

学校の敷地にも入ってこられない様子だ。

しかし、通学途中は気を張り詰めている必要がありそうだ。潔子は後ろを振り返るのが癖になった。


その状況のまま数日経った。

バスを降りて、学校に向かう十数メートルの間のことである。

不意に耳元で女の声がした。

一人の声ではない。何人もの女達が同じような言葉を繰り返している声だ。

「なんでとるの」

「とらないで」

「かえしてよ」

「かえしてよ！」

「あの人をかえしてよ！」

最初は声だけだった。

その声をずっと無視していると、次は背中に引っ掻き傷ができた。

初めのうちは髪の毛よりも細い傷だったが、だんだん深く抉れるようになり、ついには背中一面に細い瘡蓋《かさぶた》が横切るようになった。

それでも自分の部屋で寝ている間は、被害に遭わないで済んでいた。

だが、決定的な出来事が、更にその数日後に起きた。

潔子は真夜中に痛みで目が覚めた。

背中が痛くて横になっていられない。

鬼女達をかき分けて両親の寝室に駆けていった。母親を起こして背中を確認してもらうと、パジャマの背中に水が滲んでいると指摘された。脱ぐと背中全体が火傷でもしたかのように水ぶくれだらけになっていた。

母親は氷水で冷やしたタオルを絞って、夜の間ずっと背中に当ててくれた。

朝一で駆け込んだ皮膚科は、何故こんなことになったのか分からないと首を捻った。

鬼女達にやられたんだ――。

どうやったかは分からないが、多分彼女達は、火のようなものを吐いたのだろう。清姫のように。恨みをぶつけるかのように。

怒りを、妬みを、辛さを、苦しさを、そして悲しさを。

やり場のない持て余した感情を、ぶつけてきたのだ。

そこで潔子は、先日図書館で感じた違和感を反芻した。

――私がもし清姫だったなら。安珍を恨んで殺すだろうか。

潔子は想像した。

私は、私を裏切って、別の女に走った男を恨むだろうか。

それは勿論恨むだろう。でも、もっと強く恨むのは、自分を裏切るように仕向けた相手の女じゃないだろうか。

私なら、自分から男を奪った女のことを、より強く憎むはずだ。

それこそ、生きたまま焼き殺してやりたいほどに。

――あぁ、そうか。

潔子は得心した。

振り袖の少女こそが、本当の鬼なのだ。
あの少女は、何人もの可哀想な女達に、恨まれるようなことをしでかしたのだろう。
きっと、何人もの男を奪い続けたのだ――。

その次の夜、潔子は夢を見た。
他人の男を見ると、奪いたくて仕方がないという夢だった。
誘惑。寝取り。不義密通。女から男を取り上げるためなら何でもやった。
しかし、特にその男に興味がある訳ではなかった。
奪われた女にも興味がなかった。
ただ、他人のものを奪った瞬間にだけ、強い達成感があった。
そうやって何十年も、何百年も、同じことを繰り返す夢だった。
地獄だった。

「潔子」
夜が明けると、また背中が酷く痛んだ。

それでも何とか学校に行こうとすると、母親が呼び止めた。どうしたのと返事をすると、今日は学校を休みなさいと言われた。

「今日は、あなたをお寺に連れていくから」

父親の運転する自家用車に乗って、道々説明を受けた。

どうやら昨日、原因不明の火傷を負った娘のために、母親は母親で、娘のために何かできないかと八方手を尽くしてくれたらしい。

ただ、母親は家に悪いものが入ってきていることには気付いていたと言ってくれた。


お寺では、祈祷を受けた。

護摩木が焚かれ、室内を煙が満たしていく。お坊さんがお経を唱え続けていると、煙が何かの形を取り始めた。

それは女の顔をしていた。

——振り袖の少女だ。

直感した。哀れな鬼女達ではなかった。ツノが生えていなかったからだ。

煙に撒かれている間に、酷い眠気に襲われた。

祈祷を続けて下さっているお坊さん達の手前、頑張って目を開けていないとと思っても、気が付いたら意識が途切れてしまう。

眠い。

どうしよう――。

そのとき、不意に声が響いた。

「逃げられんぞ！」

女の声のような気もするし、男の声のような気もする。

それは彼女にとって、とても遠くから聞こえてくるように思えた。

もう目が開けていられなかった。

潔子は目を閉じた。次に目が覚めたときには、自分を追いかけてくる鬼女たちの姿も、あの悲しげな女たちの声もすっかり消えていた。その姿は見えなくなっていた。

「きっと、私が出会った少女が鬼なんだと思うんです。鬼が人を食うもの、だとするならばですけど――」

そう言って、彼女は照れ隠しのように頭をぼりぼりと掻いた。

「それにしても――大変な経験をしましたね」

そう告げられた言葉に、潔子は困ったような笑顔を見せた。

「実は、完全には終わってないみたいなんですよ。御祈祷をしてもらってから、今度は猿の顔をした男が出るようになって――」

潔子によれば、猿顔の男は、暗闇からじっと彼女の動向を覗いてくるだけだという。

こちらに何かしてこようというのではないらしい。

ただ、彼女が幽霊を見なくなっても、猿顔の男だけは付かず離れずずっと彼女の傍にいる。

だがこの猿顔の男が何なのか、彼女には一切分からないという。

条件の家

長い間、追いかけている体験談がある。

聞かせて下さったのは、勝沼絵里さんという二十代の女性だ。

中肉中背……いや、背は女性のこの年代の平均身長より高い。

スポーツ経験者だからこそ、か。

最初に会ったのは、三年前である。

当人曰く「子供の頃からごく普通で、特に目立ったこともなく平和に生きていた」らしい。順風満帆とは言えなくても、大きな波風が立つこともなかった。

この勝沼さんに出会った最初の頃は、ただ雑談に興じていたと思う。後は人を紹介してもらったり、だ。全く会わない時期もあった。

ところが、二〇一九年のある時期、彼女がこんなことを問いかけてきた。

〈意味不明な話かもしれませんが、でも聞きますか？〉

そこから始まった。

これから書く内容は、勝沼さんが話して下さったことについて、プライバシーに問題が及ばないよう様々な手段を使い、記録してある。

敢えて書いていないことがあることを御了承頂きたい。

＊

勝沼さんは、大学を卒業後某社に就職、商品開発部へ配属された。
それから一年ほどして、ある出会いに恵まれた。
新年度が始まる少し前、彼女が友人と二人で神社巡りをしていたときだ。
いや、正しくは神社巡りを断念したとき、であろう。
その日は朝早くからレンタカーを借りて移動を始めた。
天気は上々。目的地の予報だと降水確率ゼロパーセントであった、と記憶している。
パワースポットや神社が好きな友人がナビシートに乗り、運転は勝沼さんだった。
「ネットで調べた、御利益のある神社へ行こう」
一箇所は荒々しいが力のある神様で、もう一箇所が縁結びと芸能に御利益がある夫婦神様が祀られている所だと説明してくれた。

勝沼さん自身、御利益や罰などに関してはさほど信じていない。特にオカルトめいたことは、テレビや雑誌が提供するただのエンターテインメント的なものだ、と思っている。

とはいえ、神社独特の雰囲気を好んでいたし、友人と遊びに行くことも嫌いではない。だから今回のドライブも楽しみにしていた。

友人がカーナビへ目的地を入力してくれる。

高速を使うルートで、自分達が住んでいる地域から少し離れていた。

下道になってからはナビが頻繁に案内を始める。

ところが、最初の神社へ辿り着けない。どうしても違う場所へ出る。

地元ではないことで道に明るくない上、初めての神社なのでどうしようもない。

スマートフォンのナビに切り替えても同じだった。

神社の案内板がないかと探すが、一つも出てこない。勘で進んでも駄目だった。神社に電話を掛けたが誰も出てくれない。

仕方なくコンビニで訊いてみたが、アルバイトの店員も「詳しくないから分からない」と頭を下げる。

登録データがおかしいのだと試しに他の神社を設定するが、そこも正しく案内されない。神様に来るな、帰れと言われているようだ、と友人が漏らす。そんなことある訳がないと笑っているうち、俄《にわか》に空が掻き曇ってきた。今にも雨が降りそうな中、突然車のタイヤがパンクした。交換しようにも不慣れで上手くできない。弱り目に祟り目だと泣きそうになっていると、一台のバイクが停まった。降りてきたのは自分より少し背が高い好青年風の男性である。事情を聞いた彼は、手際よくスペアタイヤへ換えてくれた。「あまりスピードを出さず、安全運転で」助言までしてくれる優しさに感激しつつ礼を渡そうとしたが、固辞される。ともかく携帯番号だけを聞いておいた。おかげで無事地元へ戻ることもでき、落ち着いてから友人とそれぞれバイクの彼へお礼の一報を入れる。

無事で良かったと喜んでくれた彼とその後も連絡を取り合う仲となり、いつしか交際するようになった。

所謂、遠距離恋愛である。

そのことを件の友人へ報告した。とても喜んでくれたが、少しだけ心配だと言う。

「その人、最初と違って私にはドライな感じでさぁ。途中で冷たくなるかもよ？」

勝沼さんには徹頭徹尾ソフトで優しいのだが、友人には違ったらしい。

「なら、絵里のほうが好みだったんだよ」

友人が笑っていたので、そうなのかな？　だとしたらそれはそれで嬉しいな、友人には悪いけれど、と勝沼さんは密かに考えた。


遠距離恋愛の相手の名は、小出水《こいずみ》一実《かずみ》、と言う。

三つ上で、実家を継ぐために別企業で修行中だ。

小出水の家は自営業であるが、建築と畜産を中心に、小売りや飲食業まで手を広げている。言わば多角経営を生業としていた。

彼自身が長男と言うこともあり、当然小出水家の跡取りの座を約束されている。

勝沼さんの実家は普通の勤め人の家だったから、家柄の差という点で若干引っかかったが、それを気にしていても仕方がない、と彼女は割り切った。

だから、二人の付き合い方は、普通の男女と特に変わった部分はなかった。

お互いの仕事や生活の都合を優先し、会うのはひと月に二、三回。

毎日連絡はするものの、寝る前に少しメッセージをやり取りするくらいのものだ。

それなりに楽しく、幸せだったと思う。


付き合い始めてから一度目の秋だった。

勝沼さんが住む街へ小出水がやってきた。

普通にデートを楽しんだ後、夕食を食べていたときだ。彼女はふと思いついたことを彼にリクエストしてみた。

それは、あの日友人と行けなかった神社へ連れていってほしい、と言うことだった。

あれ以来、友人が忙しくなったことで会うこともできず予定が組めないばかりか、お互いの連絡すら激減していたのである。

彼はすぐに了承してくれた。

それから間もなくして、彼の地元を訪れたとき、約束通り神社ドライブへ連れていってもらった。

が、彼の車のナビがおかしい。

上手く案内されず道に迷う。神社に電話は通じない。案内板も出てこない。

友人のときと似ている。

地元なのだから道を知っているはずと思うのだが、彼自身が神社仏閣に興味がなく、会社関連で初詣に行くくらいの知識しかなかった。

迷う中、何故か彼の顔色が悪くなっていく。

自身で運転していたのにも拘わらず、車酔いを起こしていた。

人気のない道路の路肩に車を停めると彼は外に飛び出し、吐いた。

吐瀉物が透明な液体に変わったが、それでも嘔吐感がなくならないようだ。

背中を擦りながら様子を窺うが、とても運転ができない状態だった。勝沼さんがハンドルを握ることになり、小出水はナビシートの背もたれを倒して目を閉じた。

Uターンしようと何度か切り返していると、彼女はとあることに気が付いた。

小出水が吐瀉《としゃ》していた場所に、小さな石のようなものが見える。

大きさと形は、浴衣を着るときに履く女性物の下駄が立った物に似ている。その表面は辛うじて凹凸が確認できたが、大半が風雪で削られているせいで、それが何なのかも分からない。

ただ、さっきはそこにあったことに一切気が付かなかった。

(何かの石碑とか、石仏みたいなものかも)

勝沼さんは、そんな予想をしてしまう。珍しく一気に罪悪感が湧いてきたので、一旦車を停めた。そして外へ出ると買っておいたミネラルウォーターを掛けて、汚れを流しておいた。自然石のようだが、やはり何の石碑か石仏のように見える。

何となく頭を下げて、戻ろうと車のほうを振り返った。

彼が上体を起こして、こちらを睨んでいる。

驚き、足が止まる。

その様子を察したのか、彼は急ににっこり笑い、そのままシートに身を沈めていった。

やはり彼の体調が悪いと言うことで、彼女は駅まで運転し、そこで別れた。

それ以降、勝沼さんは神社へ足を運ぶことがほぼなくなった。

これまで年末年始は家族や友人と過ごし、初詣に出かけることが多かったが、それも皆無となった。

小出水と付き合い出してからの大晦日、正月は彼と旅行などへ変わったからだ。温泉宿やテーマパークで過ごすのである。

戻ってから初詣に行けば良いのだが、それも何だか億劫《おっくう》で足が遠のいた。

そして、二年程が過ぎ、勝沼さんは小出水からプロポーズされた。

この人なら、と彼女は了承した——が、勝沼さんの両親はそれを許さなかった。

結婚の挨拶に来た小出水に対し、色よい返事をしない。娘を嫁にやるのはまだ時期尚早だし、もう少し考えては？　と渋る。

彼が帰った後で理由を訊いた。

「あの人は、何か駄目だ」

「雰囲気が良くない感じがある」

父母が連ねた意見は明確な理由ではなく、ただの感覚でしかない。

だから彼女は両親と言い争いになった。

以降、家庭内が不和に陥り、毎日が息苦しくて仕方がない。

次は小出水の家に挨拶に行かなくてはならないはずだったがそれも先延ばしとなった。

「君の御両親に許しを得てから、が至極真っ当な順番である」

彼がそう言ったからだった。


親との確執が続く日々の中、ある平日の夜、突然の訪問者があった。

運転手付きの高級車でやってきた上品な和装の女性だ。

年齢は勝沼さんの両親くらいだろうか。

その女性は小出水の母と名乗った。

息子には内緒にして、一人で来たらしい。

用件はただ一つ。息子と勝沼さんの結婚を許してほしい。それだけに終始した。

礼儀正しく言葉も柔らかいが、何処か高慢さがある。

加えて勝沼さんの家のリビングや両親、そして彼女自身を幾度となく舐めるように睨め付けてくるので、厭らしさを感じた。

(何かチェックしているのだろうか)

勿論収入格差があるのは理解している。しかし、気持ちが良い物ではない。

小出水の母親は、ひとしきり「お宅のお嬢様を我が家へ」を繰り返した後、帰っていった。夜八時前から二時間ほどの間だったが、この非常識さに親の態度は更に硬化したことは言うまでもない。

ところが、勝沼さん本人は何故か小出水との結婚話を進めるべきだと感じていた。

勿論小出水の母親への印象は悪い。

しかし、ここまでしてくれる相手だ。更に、小出水自身が家で勝沼さんとのことを話しているとなれば、嬉しくない訳がない。

だから、彼女はある決意をした。

(家を出よう)

両親の反対を押し切って、彼と暮らせばその内態度は軟化するだろう。それに勝手に籍を入れて初孫の顔を見せれば、許してくれるのではないか。

そもそも結婚後は二人の職場の中間点にマンションを借り、そこで二人暮らしをしようという話でもあった。前倒しにしてもいいはずだ。

小出水に連絡すると、最初は良い返答をしてくれなかった。

両家の親に祝福されてこそ、だと言う。

しかしそれを待っていたら、いつになるか分からない。

長電話をすること、数回。漸く小出水が折れた。

『それなら、具体的に考えよう』

この日から、勝沼さんは自分の荷物を秘密裏に纏め始めた。

両親には絶対気取られないよう、細心の注意を払いながら。

ところが、察知された。

両親と家族会議が始まったが、そこまで長く掛からなかった。

「お前が、彼とまず同棲生活をするなら、別にそれは良い」

「ただ、籍を入れること、子供を作ることはまだ先にしてほしい。お互いのことが分かってからのほうが、絶対に良い」

結果、小出水との同棲生活の了承を得られた。

急な態度の軟化が不自然であったが、渡りに船である。

大手を振って荷造りを終わらせた。

そして、引っ越しのとき迎えに来た彼に対し、父が「娘と仲良く」とすら言ってくれたのだから、悪いことではなかった。

引っ越しの日は土曜日で、日曜日と、その後の連休に有給を挟み込み、一週間ほど休む予定だった。

荷ほどきもあるし、必要なものの買い出し、設置がある。

彼は休日以外は休めないと言うことなので、時間が掛かることが分かっていた。だから、勝沼さんができうる限り作業を行うと決まった。

できるだけ早めに新居を整えなくてはならない理由はある。

それは、お互いの親や友人を呼ぶことになっているからだ。両家の距離を縮める絶好のチャンスであるから、逃がせない。鉄は熱いうちに打て、である。

ただし、この同棲に関して二人とも友人達に黙っていた。

全て整え終えてからお互いに連絡をし、驚かせようというサプライズを狙っていたのだ。

が、それはすぐにストップが掛かった。

引っ越し当日の午後、小出水の母親がやってきて、勝沼さんにこう告げた。

「今日から五日間、うちの持ち家で過ごしてもらいます」

小出水の家が持っている一軒家がある。そこに一人で五日の間暮らし、小出水家に嫁げるかどうかチェックする、と言うのだ。

その間、三食を作り、洗濯をし、家の中の掃除を行う。

要するに、家事炊事が一般レベルかどうかを見る、らしい。

彼の顔を見ると、最初から知っているようだった。

ショックだった。申し出を断ろうとすら考えた。

(でも、これが済めば、後は良いのだから)

彼女は小出水の母親の申し出を受けた。

一週間の休みのうち、五日間の辛抱だ、と。


小出水の母親に連れていかれたのは、同棲するマンションから少し離れた場所だった。

周囲に人家はあまりなく、田畑に囲まれていた。

防風林に覆われており、家屋は見えない。遠目に見るとそこだけが緑の小山のようにポツンと浮き上がっている。周りから隔絶している、と言い換えても構わない。

防風林の切れ間の左右に丸太が立てられており、それが門の代わりだった。大体、普通車が通れるくらいの幅があった。

中は舗装もしていない。土の地面が剥き出しで、車の轍《わだち》が幾つか残っている。

そこが駐車場であり、少し奥まった場所に木造平屋建ての家屋があった。

全体的に薄黒く、かなり昔の家であることが分かる。と言っても古民家風ではなく、昭和に建てられたようなデザインだ。

玄関はドアではなくガラスサッシの引き戸で、レールに砂や小石を噛んでスムーズに動かない。中はコンクリートとタイル張りで、ここもやはり昭和の古臭さがあった。

上がり框《かまち》を踏んだ先にはまっすぐな廊下があり、基本的に左が居間などの部屋、右が風呂やトイレ、台所になっている。

順番に案内されたが、全体的に田舎の祖父母宅に似ていた。

だが、何故かトイレは洋式のウォシュレット付き、台所は大型の冷蔵庫やレンジが据え付けられている。何箇所かの部屋にはエアコンが設置され、更に石油ファンヒーターが置かれていた。灯油の樹脂タンクもある。まだそこまで寒くはないのだが、用意周到だ。

居間には悪趣味な柄のカーペットの上にソファが置かれていた。ソファには白いレースカバーが掛けられており、これもまた年寄りの趣味そのものだ。

その居間にテレビや電話がない代わりに、大きな書棚があった。が、流行り物の小説がメインで、それも大型古書店の値札が付いた物が多い。暇つぶしにはなるかもしれないが、そこまで食指が動かなかった。

最後、廊下の突き当たりにあるドアを開けた。

思わず目を剥いた。

入って真っ正面に、金色の大きな仏壇が設えられていた。

自分の身長より頭二つは高く、両腕を左右に伸ばしても届かないくらいの幅だ。

観音開きの扉は閉まり、中央に小さな錠前が掛かっている。

全体に細かい細工が施されており、価値がありそうなデザインだった。

仏壇の前に経机が置かれている。上にある香炉には灰がなく、蝋燭《ろうそく》立てに蝋燭も立っていない。少なくとも最近使った様子がなかった。

床は黒光りする板間。壁は白い漆喰《しっくい》で塗られ、所々に見える柱も黒く太い。

向かって左側に大きめの窓が切られているが、よく見れば障子窓とガラス窓の二重構造になっている。

この部屋だけが旧家的な重厚さがあった。

「これは使っていない。魂抜きもしてある」

小出水の母親が教えてくれたが、最後、ある命令が下った。

「毎朝、毎夕、ここも掃除しなさい。仏壇は柔らかい布で乾《から》拭きをして埃を落とすように。

あと床や壁、窓も丁寧に」

各種指示を残して、小出水の母親は帰っていく。

車がないので買い物すら行けないが、冷蔵庫と棚に食料品や飲料水、調味料が多く備えられていたし、ガスも水道も電気もあるから何とかなりそうだった。

そしてスマートフォンで外部との連絡も可能であったので、特に大きな不安は感じなかったという。

初日が始まった。

室内の空気入れ替えと掃除。秋口の空気が爽やかだった。

庭へ出る。防風林の内側には何もない。

なんとなく小さな社などがありそうなイメージを持っていたが、その痕跡はなかった。

裏手にコンクリート製の丸い井戸があるのを見つけた。上には同じく、分厚いコンクリートの丸い蓋が乗っている。その横に電動ポンプが備え付けられているのを発見した。だが、動いている様子はない。家の水道は井戸水ではなさそうだった。

エアコンの室外機が三つほど軒下にあった。真新しいから最近取り付けられたのかもしれない。

夕刻、仏間の掃除。清掃するときは出入り口のドアに木片を挟み、常に隙間を開けることにした。単なる思い付きであった。

仏間は意外なほど埃が多い。

夕食。冷蔵庫に入れられた物のうち、冷凍されていない魚を使った。足が早そうな物から始末するのだ。

夕食後、入浴。小出水の母親から電話。大丈夫かと聞かれたくらいで終わった。

その後、午後八時くらいか。小出水がやってきた。心配らしい。

泊まるのかと思ったが、玄関先から入らず、そのままマンションへ帰っていった。

テレビもないのでスマートフォンで動画を見た。寝たのは午後十二時前だった。

寝室に定めたのはエアコンとファンヒーターがある居間の隣の和室である。

二日目。

朝から仏間掃除。

一晩しか経っていないのに、異様なほど埃が溜まっていた。

朝食を済ませ、洗濯。庭も掃き清める。

落葉樹から落ちた葉が堆く溜まっていたためだ。他には針葉樹も目に付く。春が近づくと花粉が多く飛ぶのだろうかと心配になった。

門から出てぐるりと周りを回ってみる。日差しが心地よかった。ところが庭へ戻ると冷たい風が吹いている。

防風林とは外からの風を防ぐのではなかったかと、疑問に感じた。

昼食は簡単に済ませ、午後は適当に過ごす。

夕刻、仏間の掃除。埃が短時間で溜まっている。家が古いせいか。

掃除を終え、夕食。

入浴後、小出水の母親から電話。

午後八時頃、また小出水が来てくれた。スーツ姿で仕事帰りのようだ。

和菓子を買ってきてくれたが、玄関先で少し話したら帰った。

十二時前就寝。この辺りからスマートフォンに日記のようなメモを書くようにした。

三日目。

仏間の掃除。やはり埃が多い。

朝食を済ませ、スマートフォンでニュースを見る。

葉が多く落ちていたので、庭の掃き掃除。

昼食後、この日は何となく家中を見て回った。

田舎の老人宅という印象は変わらなかった。が、何となく所々が新しいことに気付いた。

もしかしたら、結婚したら小出水とここに暮らせと言うことかと訝しむ。

そもそも、仏間のある家に新婚で住みたくはない。

改めて仏間を眺めてみたとき、ある考えが頭に浮かんだ。

奥の仏間は、この家で異常に浮いた造りだ、と思ったのだ。

笑われるかもしれないが、他の旧家から仏間だけを切り取り、わざわざくっつけた。そんな印象が強い。

仏壇そのものも、家の大きさにそぐわないサイズだ。

細部をチェックして気付いたが、特注品のようにも感じられる。

そのうち、レリーフ状の彫刻などの端々の意匠に小指の先ほどの小さな顔を見つけた。

いや、顔ではないかもしれない。

苺のような形の中心部に、ごま粒のような点が三つあるから、顔に見えただけの可能性もある。

その苺の上部、その左右に更に小さな彫り物が飛び出していた。例えるなら、平仮名の〈つ〉に似ている。向かって右が〈つ〉なら、左側は反転した状態の〈つ〉だ。

よく見れば苺の目に当たる部分の横にも小さな丸い出っ張りがあった。

件の〈つ〉はそれより少し上にある。

ふと、イメージが湧いた。

鬼か、牛か？　と。

苺に似た部分が本体の顔であるなら、小さな丸い出っ張りは耳。

耳の上に出っ張った左右の〈つ〉は角。

要するに、子供が描くような単純化された鬼や牛を思わせる。

これらが上下逆様になったり、横倒しや斜めになったりして配置されている。単独の物もあるが、繋がった状態の物はそれこそ模様のような趣が強い。

ふと扉の錠前が気になった。

じっくり見ると、全体の造りがこの鬼か牛のような顔に似ている。

立体になると余計に鬼、或いは牛っぽさが強調された。

少し離れて仏壇を眺めた。

が、この紋様が何を意味するか、全く分からなかった。

午後は部屋と仏壇の掃除に明け暮れ、夕食が少し遅れた。

食事後を見計らったように小出水の母親から電話。

少し遅れてお風呂。出ると、玄関のガラスに人影が差していて、飛び上がるほど驚いた。

小出水だった。

この日も玄関先で会話しただけで、彼は帰った。午後八時過ぎだった。

十二時前に床へ入ったが、風が煩《うるさ》く眠れない。家屋そのものが左右から揺らされているようにギシギシ音を立てた。

防風林も万能ではないのだと考えるうち、いつしか眠りに落ちた。


四日目。

仏壇掃除。埃はかなり多い。

朝食。

庭へ出るも、落ち葉はさほどなく、昨日の風が嘘のようだった。

裏へ回ると井戸の蓋が少しずれているような気がしたので、力一杯押してなんとか閉めておいた。風で動いたとは思えないが、何かの拍子に開いたのだろうか。

洗濯物を干した後、家の窓を拭く。何故か内側のほうが汚れていた。

また、家の端々にあの〈鬼か牛かのような模様〉に似た物が入っていることに気付いた。

例えば、木製の雨戸を仕舞う戸袋の細工や、玄関脇の郵便受けの脇に似たものを発見したのだ。ただし、素人の手によるものか、彫刻刀でラフに彫られたような粗い造りだ。汚れ具合から言えばかなり前に施されているようだった。

昼食後、何故かとても眠くなる。

何もしないと睡魔に勝てないだろうと無理矢理立ち上がる。

家の施錠をしっかり確認した後、防風林周辺の散歩へ出かけた。

遠くに民家数軒が見えた。その近くには鎮守の森のような小さな神社がある。

そこまで着いたら引き返そうとしたが、歩いても歩いても近づかない。異様に距離を感じる。途中、そこそこの幅を持つ川に阻まれた。橋も遙か遠くにある一個所だけしかないので、諦めて戻った。

家の門を通り過ぎた途端、突然の冷えが来る。

玄関の鍵を開け、中に入ると更に寒い。

震えながらファンヒーターを点けた。それでも冷える。仕方なくエアコンまで稼働させ、漸く人心地が付いた。

温かい飲み物を作ろうと台所でお湯を沸かす。

その合間に、洗濯物を取り込みに外へ出た。庭のほうがまだ暖かかった。

家の中へ戻り、仏間へ行く。

掃除のときに寒いと辛いので、障子窓を開けて日光を入れておこうと思ったからだ。が、知らぬ間に障子は開いていた。朝の内にやったのだろうか。記憶違いだったらしい。

そのまま台所へ行き、紅茶を淹《い》れ、居間で飲んだ。

まだ部屋が寒い。ファンヒーターの表示は既に二十度を越えているが、それ以下としか思えない気温だ。

外気を取り入れたほうがましなのではないかと思うが、せっかくのエアコンとファンヒーターが勿体ないので、そのまま我慢した。

夕刻になったので、仏間へ入る。

真っ先に目に入ったのは、観音開きの扉の片方が僅かに開いていることだった。

ドアを固定してから近づくと解錠されており、錠前が経机の上に置かれている。

勿論自分がやった記憶はない。

散歩中に誰かが来たのか。もしかしたら小出水の母親かもしれない、と一瞬考えたがそれはない。さっき、散歩の後に仏壇も確認している。扉は施錠されていた。

どういう訳か分からない。

中を見たい、という強い衝動が襲ってきた。恐る恐る隙間から扉の内を覗いた。

仏画のような物が掛かっているようだ。

大きい。縦は小学校低学年の子供一人が立ったほどのサイズか。横は自分の肩幅くらいはあると思う。とても大きな画だ。

思わず扉を両方大きく開ける。

窓から差し込む夕日に仏画が照らされる。

ぱっと見たところ、鬼と牛を融合したような頭部を持つ仏の画と思った。

しかし、仏の割には禍々しい。

荒々しさを持つ仏、ということではない。

本当に禍々しいのだ。見ているだけで腰から背中に掛けて悪寒が走るような嫌悪感を抱いてしまう。

腰に布を着けただけの身体は痩せ細った人のようで、下腹が出ている。

目が正面を向いているせいか、見ている者を見据えているようにすら感じた。

その足下から何か煙のような物が大量に湧き出していた。

挙げた右手に猿のような動物の首根っこを掴み、掲げている。

降ろした左手には、何故か鳥か蝙蝠かそんな翼を持つ動物の短い足を握り、逆様にぶら下げていた。

ただし全ての線が太い。だから細部が潰れた部分も散見された。

それが墨一色——否。茶色と黒の中間のような色で描かれていた。

（……これ、仏画じゃないよね）

本やテレビで出てくる荒ぶる神や仏のような印象は全くない。

彼女には、どうしても仏様の姿に見えなかった。どちらかというと悪鬼羅刹の類か、東南アジアの鬼や妖怪、悪魔のようにも感じられた。

とにかく嫌な気持ちになる。

だが、目が離せない。延々と見つめ続けてしまう。

そこで気付いた。足下の煙だと思った部分は、かなり墨が濃い。

まるで何かを塗り潰した……いや、見せたくないものを塗り込めているようにも感じられた。

強い怖気が背中を這い上がった。

咄嗟に扉を閉める。が、片方閉まらない。仏壇そのものが歪んでいるのか、上手く塡《は》まらない。仕方なく力一杯押さえ込んで、無理矢理錠を掛けた。

何故勝手に開いていたのか、色々な状況を想像してみるが、どれも答えにはほど遠い気がする。

掃除をする気力を削がれ、どうしようか悩んでいると、突然玄関が開く音が聞こえた。

凄い勢いで足音がこちらへ近づいてくる。

開け放したドアの向こうに、小出水の母親が立っていた。

冷ややかな表情だった。

そして、勝沼さんに自分の荷物を纏めるように、と命令する。

「そこ、開いたのなら、もう、いい」

小出水の母親の視点は、仏壇へ向いていた。

荷物とともに車に乗せられた勝沼さんは、駅へ連れていかれ、切符を手渡された。

実家へ帰れ。マンションの荷物は元払いで送るから安心しろ、と言いながら。

何故か逆らえない。言う通りにしてしまう。明確な理由はないが、既に実家へ帰りたい気持ちになっていた。電車の中から母親に駅まで迎えに来てくれるようメッセージを送る。

『どうした?』

斯《か》く斯く然々《しかじか》で、何日から何日まで他の家に一人で泊まっており、そこから帰されたと、返答する。

『え? 他の家に? じゃあ何故あの電話のときに教えてくれなかったの?』

電話を掛けた覚えはないと送り返す。

『二日前と三日前の夜、八時くらいにそっちから電話を掛けてきた』

新しいマンションは快適だ――や、キッチンの使い勝手が慣れなくて、等の雑談を交わした、と両親はメッセージを寄越してくる。

二日前と三日前のその時間は、あの防風林の家にいたはずだ。

それも午後八時だと、玄関先に小出水が来ていた時間でもある。

どうにも話の辻褄が合わない。

ともかく、何時着の電車だからその時間に来てくれるようにと、お願いした。

迎えに来た父親の第一声が「痩せたか？」だった。

引っ越して数日。そんなことがある訳がない。

しかし、家に戻ると母親も同様のことを口走る。

鏡を見ても特にそんなことはなく、両親の勘違いだろうと本人は思った。

父母と三人で話し合った結果、小出水本人の対応で今後を決める、となった。

失礼な話であるし、他人様の娘に何をしているのかと両親は怒り心頭であったが、まだ僅かに冷静さを残しているようだった。

その日、小出水へ電話を掛けたが繋がらない。メッセージを送っても返信がなかった。


小出水と連絡が取れないまま数日が過ぎた。

休みも終わり、勝沼さんは普通に会社へ出勤する。元々同棲の話は誰にもしていないので、これまでと一切変わらない。

とはいえ、流石に落ち込んでいるのが周りに伝わったのか、皆は理由を訊かずに優しくしてくれる。人の思いやりに感謝しかなかった。

普段の生活に戻った後、同期の食事会があった。

美味しいビストロで料理と酒を楽しんでいるとき、ふと彼女は思い出す。

（……あの家、お酒類がなかった）

それだけではない。魚や鶏肉、豚肉、ハムはあったが、牛肉も入っていなかった。合い挽きや牛肉を加工した食品も同じく、である。挽肉があるからハンバーグでも作るかと思ったとき、それが合い挽きでないことに気付いたのだ。

どうしてなのか、頭の隅に鬼か牛か分からない模様と、あの禍々しい画が浮かぶ。

途端に悪酔いしそうになり、その店から出た後は無礼を詫び、先に辞した。

家に戻るとまだ早い時間であったので、父母が起きている。

二人は困惑した顔で訊いてきた。

「連絡したけど、見た？」

スマートフォンを取り出すと、幾つも着信がある。

メッセージと通話の両方だ。

時間はちょうどビストロにいたときであったが、その合間に何度かチェックしていたのに気付いていていなかった。

メッセージには『小出水さんがいる』とあった。

どういう訳か、訊ねる。

「小出水さんがいたんだけれど」

父曰く、仕事から戻って玄関へ入る直前、背後に気配がした。

振り返ると私服の小出水が立っており、こちらをじっと見ている。

声を掛けるとそのまま走って何処かへ行ってしまった。

だとすれば謝罪ではなさそうだ。娘と約束でもしていて、たまたまかち合ったのかと想像し、勝沼さんへ数度連絡したが梨の礫《つぶて》である。

それなら、戻ってからで良いと放置した。

が、今度は母親が何かに気付いた。

たまたま庭に向いたサッシのカーテンに隙間があったので閉じようと近づくと、どうも庭から足音が聞こえる。

防犯目的で一部に砂利を敷いている。侵入者がそれを踏んでいるのか。

父親と二人でそっと足音を忍ばせて庭へ回ると、不審者がいる。

咄嗟に手に持ったライトを点けて向けると、相手は慌てた様子で塀を乗り越えて逃げた。

さっき見た小出水と同じ格好だった。

それから何度も外で誰かの気配がするので、そのたびに外へ出ると逃げる。やはり小出水のようだった……らしい。

「おい。あれはストーカーになったんじゃないのか？」

父の言葉に勝沼さんは首を振る。

こちらから連絡をしても返答がないから、それはないのではないか、と説明した。

だが、その日から勝沼さんと両親はことあるごとに小出水の姿を見ることになる。

例えば、駅で。スーパーで。職場近くで。家の周りで。

人に紛れていることもあれば、単独でじっとこちらを見つめていることもある。

そして、近づこうとすると決まって逃げた。

いつも私服だったから、会社に行っているのかどうかも分からない。

依然として彼とは連絡が付かないままだった。

とはいえ、小出水の家へ直接行くのは何となく避けたかった。

あの母親がいることもあるが、勝沼さんと両親のプライドがそれを許さなかったのだと今となっては思う。

相手が謝罪しない限り、もう関係を絶っても良いとすら考えていた。

ところが、とても寒い晩だった。

勝沼家へ小出水の母親が単独でやってきた。何故か喧嘩腰だ。

「当家の息子を誑《たぶら》かすな。場合によっては訴える」

青天の霹靂《へきれき》、寝耳に水とはこのことだ。

逆にそちらの息子がストーカー行為に近いことをしていると責めても、一切聞く耳を持たない。それどころか会話が成り立たないレベルだ。

「これ以上、息子に関わらないように」

そう言って小出水の母親は戻っていった。

が、この日以降、小出水が姿を現すこともなくなった。


――ところが、松が明けた辺りだ。

勝沼さんが自宅で眠っていると、外から何かが聞こえる。

複数の牛の鳴き声だ。

かなり大きい。距離も近いように思える。

ただ、近辺で畜産を営んでいる家はなく、また、牛を搬入するような施設もない。

では一体これは何だと悩んだ挙げ句、出てきた答えは〈ウシガエルの声〉であった。

近くに川があるので、ウシガエルが繁殖でもして鳴いているのだろうと決着を付けた。

ウシガエルらしき声は、忘れた頃に繰り返された。

この声は、両親も耳にしている。

「ああ、ウシガエルか」

二人は納得した。

あまりに煩いので眠れないくらいだと笑い話にして、牛の声騒動は終わった。

以降もウシガエルは鳴いた。が、その後だ。

世界的なパンデミックが起こり、世の中が一変した。

と同時期に、ウシガエルの声は二度と聞こえなくなった。

様々な変化が訪れつつも、勝沼さんは今も何とか平穏に過ごしている。

＊

二〇二〇年の夏だった。

あまり迷惑にならないよう、現状を伺おうと勝沼さんに電話を掛けた。

話していると元気そうだが、やはりそれなりにストレスが溜まっているようだ。

そんなときに申し訳ないが、聞かせて頂いた話の再確認と、以降何かなかったかを話してもらえないか、とお願いをした。

快諾を頂き、あの〈鬼か牛か分からない紋様があった防風林の家〉の詳細を改めてメモで貰うことになった。

メモは翌日の夜に送るので、その後、三日後に電話を、と約束する。

そして約束通り再び電話をした。

メモを確認した後、ふとウシガエルの鳴き声についての話題になった。

ウシガエルの声を聞いたのが新年明けて、という部分が気になっていた。

冬、蛙は冬眠するはずだ。

『あ。確かに冬眠している時期ですね……』

何故ウシガエルだと思ったのかと問うと、ただそうとしか考えられなかった、と言うのだが、何処か歯切れが悪い。

『凄く牛そのものの声だったから。リアルな牛。どうしてもそこに理由を付けるなら、ウシガエルしかいなかった』

ただ、ウシガエルの声は牛そのものより低く、似ていると言えば似ているが、若干違う。

冬眠中のウシガエルではないとすれば、その声は何だったのだろうか。

勝沼さんは分からないと口ごもった。

長くなってきたので、また日を改めてと告げようとしたとき、彼女が口を開く。

『馬鹿らしい想像ですが、聞いてくれますか？』


それは、小出水とその母親の言動と色々な事柄から思いついたこと、だった。

まず、小出水は付き合う前から何かと彼女のパーソナルデータを欲しがった。

フルネーム。生年月日。生まれた場所。生まれた時間。血液型。

別に隠すことではないので全部教えた。ただ、生まれた時間は母親に聞いた記憶からなので、正確ではない。

また、小出水の母親だ。

あの防風林の家へ移動する際、何度も生まれ年を訊いてくる。

あまりにしつこいので、運転免許証を見せたくらいだ。

そこで漸く安堵した顔になった。

意味が分からないと思った——そのときは。

『ふと、思いついたんですが、私の生まれ年が彼らにとって重要ではなかったのか、と』

彼女の干支は丑年である。

あの家に行くまでの車中で免許を見せた後、母親が「丑ならうちに相応しい」と言った。

ただしこれはただの年齢チェックだとそのときは思っていた。

次にあの家にあった紋様や仏画らしきものが全て〈鬼か牛〉だったこと。

そして、季節外れのウシガエルの、いや、牛らしき声。

丑と牛だと音は同じだが、意味そのものは違う。

が、やはり〈うし〉が絡んでいることに変わりない。

『何だか、厭なんです』

自身と来年の干支が丑なのが、と彼女は電話の向こうで暗い声を上げた。

＊

十一月に入り、勝沼さんにこの体験談の確認を取った。

その際、雑談の中で、彼女から実は話していなかったことが……と、こんな話題が出た。

時系列が前後するが、記しておきたい。

勝沼さん曰く。

『オカルトとか信じていなかったが、去年（二〇一九年）は流石に色々あったので、少し参った。だから今年（二〇二〇年）のお正月、家族と神社へ行って小出水の件を厄落としとしようとしたら、両親と自分、三人とも三が日を高熱で過ごしてしまった。それで神社へ行けなかった』

そして、松が明け、熱が引いた頃から、ウシガエルの声が始まった。

終わったのがパンデミック時期であるが、それから外出自粛を続けたらしい。

自粛が緩和されてから、近くの神社へ出かけようとすると用事が入ったり、何事かあって出かけられないことが連続した。

漸く神社へ出向けたのは、夏以降。厄落としのお祓いをしてもらえたという話だった。

時期はこの体験談の確認電話を受け、メモを書いて送ってから以降だった。

『あの、防風林の家にいた以前、考えてみればあの人（小出水）と出会ってからの私は、随分おかしかったように思います。まともな判断ができていなかったですから』

＊

十二月に入り、この原稿を仕上げる前、勝沼さんから連絡が入った。

『会社の帰り、小出水の母親らしき人間の姿を見た。慌てて逃げた』

だから、ここ最近は車通勤に変えた。

また、その連絡の直前、小出水からメッセージの着信があった。

『元気？』

ブロックをしていたはずだが、知らぬ間に解除されていた。

既読にしてしまったが、即再ブロックし、返信はしていない。

自分がおかしくなったのかもしれないと、彼女は自身を疑う。

ただし現状を客観視できているのだから、そうとも言えないのではないか。

＊

十二月、別の仕事をしているとき、勝沼さんから連絡が入った。

あまりに気になるので、幸先詣りを兼ねて再び神社へお祓いへ行こうとしたが、追突事故に巻き込まれた。そのまま現場検証となって、足を運べなかった。

その後は怪我の通院で、お詣りに行けていないらしい。

＊

二〇二一年は丑年、である。

タイミングを鑑みて、その時期に発表したいとお願いしていた。

それに関してはある程度了承を得ることができ、『「超」怖い話 丑』（二〇二一年冬版）に間に合わせるために書き下ろしを始めた。

後はタイトルの問題だ。

勝沼さんが事故に遭った後の電話で、本体験談のタイトルを「うしの家」にして良いか訊くと、勝沼さんに止めてほしいと断られた。

そのタイトルにするなら、書いてほしくないとも言われた。

色々聞いたが、もっとも大きな理由は〈感覚的に厭だから〉。

締め切り当日まで考えた結果、タイトルは〈条件の家〉となった。

どうしてこのタイトルと文字を選んだか理解していただけるだろうか。

＊

二〇二〇年十二月末。（当初、本作を掲載予定だった）『「超」怖い話 丑』の締め切り当日の夜。今、その初稿を仕上げる寸前である。

勝沼さんに電話を掛けた。

体調は芳しくないと言う。

そして、ここ最近、何故か大きな鼾《いびき》を掻くようになったらしいのだと聞いた。

夜中、たまたま娘の部屋の前を通った母親が気付いた。曰く「低い、地響きのような大きな鼾。ぐおー、ぐおーと言う感じ」らしい。

木製ドアで隔てられた部屋の外まで聞こえる、というのだから、どれくらいの音量か分かるだろう。

確かに自分の鼾で起きたと幾度か感じたことがあった。

勿論初めてのことだ。

これまで一切鼾を掻くタイプではなかった。事故の後遺症かと彼女は悩んでいる。

ただ、彼女だけではなく、同じような時期に父親と母親も鼾が激しくなったと言う。

真夜中、勝沼さんがトイレに行く途中の廊下で、気付いた。

両親の寝室から、低い、地響きのような大きな鼾が聞こえてきた。

両親も鼾はあまり掻かなかったはずだった

以来、何度か両親の鼾を聞いている。

どういう訳か、一緒の部屋に寝ている父と母はお互いの鼾に気付いていない。

三人同時期に鼾を掻き始めたことが、何だか気になると勝沼さんは訴えた。

来年、年女である彼女が電話口で漏らした。

〈来年一年がどうなるのか、非常に不安で仕方がないです〉

＊

二〇二一年、令和三年が始まった。

勝沼さんに新年の挨拶をメールすると、すぐ返事があった。

穏やかな新年だとあった。

ところが、松が明けて少し経った後だ。

お預かりしている体験談の扱いについて連絡を入れたのだが、返事がない。

忙しいのだろうと予想をし、一週間後にまたメールを入れたが、やはり返答はなかった。

返信が送られてきたのは、二月の立春だ。

返事が遅れた詫びの後に、このような文章があった。

『新年早々、事故に遭いました。相手にぶつけられたのですが』

密を避け、松が明けた頃に神社へ初詣に行くときだった。

だから、神社へはまだ行けていないらしい。

両親の車に乗っていたのだが、相手の前方不注意で横からぶつけられたと言う。

『でも、父も母も、私も、ぶつかった衝撃があるまで、相手の車の姿を認識していませんでした。どう考えても、視界に入るはずなのに』

一歩間違えば、家族三人死亡していてもおかしくないような事故だった。

だから、彼女の不安は未だ消えることがない。

おっかな橋

私の生まれ故郷である山形県の置賜地方に、「おっかな橋」という名の橋がある。

随分と剣呑なネーミングであるが、平安時代後期のとある伝説に由来している。

掻い摘まんで説明すると、このような話になる。

この橋に住み着いた老婆が狼を使役し、通り掛かる旅人を襲って金品を略奪していた。

武者修行から戻ってきた弥三郎という名の武士がこの橋を渡ろうとしたときのこと。

何処からともなく現れた年老いた女がいきなり襲いかかってきた。

しかし、弥三郎は老女を返り討ちにして、その右腕を刀で斬り落とした。

彼は戦利品の右腕を携えて家に辿り着くと、どういう訳か荒れ果てた家には妻子の姿はなく、病床に伏せった母親がいるのみであった。

母親は弥三郎の妻子の死と極まった困窮を涙ながらに語ったが、彼が先ほど橋で起きた出来事と切り落とした右腕を母親に見せた、そのとき。

彼女の姿は見る見るうちに鬼女へと変貌を遂げ、その腕を取り戻すと、そのまま天高く飛び去ってしまったのである。

勿論、伝説はこれで終わりではないが、後は割愛させて頂く。

要するに、妻子と母親を置いて武者修行に行った弥三郎が長年の修行を終えて家に戻ると、妻子は既に亡くなっており、ただ一人生きていた母親である「弥三郎婆」は鬼女になって旅人を襲っていい糊口をしのいでいた、ということになる。

この伝説は頼光四天王筆頭である渡辺綱の一条戻橋の伝承に若干似た部分があるが、古今東西伝承とはそのようなものなのかもしれない。

なお余談ではあるが、同じ東北の秋田県にも同名の橋が存在しているが、こちらはアイヌ語であるオッカ（男）とナイ（川）が語源らしく、恐ろしいといった意味はないようである。

私は幼少の折にこの「弥三郎婆」の話を父親から幾度となく聞かされ、心底恐ろしかった記憶がある。

「悪いごとすっと、弥三郎婆が来っつォ！」

父親の一喝に恐れおののいて、泣きながら自分の悪戯を謝ったことが何度あったであろうか。

それはさておき、この「おっかな橋」付近で農業を営んでいる、伊藤さんから興味深い話を聞いた。


伊藤さんが小学校に入る前のことであるから、今から五十年以上前の話になる。

彼の自宅の脇には立派な土蔵が建っていた。

勿論祖父や両親から入ることを固く禁じられていたので、一人で中に入ったことはない。

一度でいいから入って遊んでみたい。

彼のその思いは、日々募るばかりであった。


その機会はあっという間に訪れることになる。

両親は農作業で朝から家にいなかったし、祖父も老人会の旅行で不在であった。

勿論、この絶好の機会を見逃す手はない。

鍵のありかは当然のように把握していた。

伊藤さんは懐中電灯を片手に、土蔵へと侵入していった。

入った瞬間、彼は圧倒されてしまった。

埃だらけの空気に噎《む》せながらも、彼は好奇の目を辺りに向けた。

そこには、紐で縛られた大量の雑誌や新聞、半分腐っている長い木の梯子や、今まで見たこともないような奇妙な形をした農機具らしきものが無造作に置かれている。

そして、書物の脇には美しい蒔絵《まきえ》で彩られた小箱が幾つも置いてあった。

皆一様に分厚い埃を被っており、放置された年月が想像もできないほどである。

彼は何げなく、その中で一番大きな箱の蓋を、無造作に開けた。

濃厚な黴《かび》臭さが鼻の粘膜に纏わり付いて辟易《へきえき》したが、その中の仕舞われてある物から目が離せなくなった。

茶褐色に干からびたそれは、何処からどう見ても肘から先だけが残された、人間の腕にしか見えなかった。

大きさは子供程度のものであったが、カラカラに乾いているせいでそのように見えただけで、もしかしたら大人の腕なのかもしれない。

しかしながら、五指から生えている長く鋭い爪が、明らかに人間離れしていることも確かであった。

今まであまり感じたことのない感情が、彼の心の中で溢れ返る。

まだまだ暑い盛りだというのに、背筋が一瞬で涼しくなり、股間の辺りが妙に冷えてきた。

もしかして、このせいで決して入ってはいけないと言われていたのかもしれない。

彼は一目散に土蔵から逃げ帰った。


その日の夕方、伊藤さんは突然高熱に襲われてそのまま意識を失ってしまった。

ふと気が付くと、自分は布団の中で眠っていた。

隣から漏れてくる明かりと話し声から、隣室の八畳間では両親と祖父が深刻そうな話をしているようであった。

恐らく自分の心配をしているのであろう、時折聞こえてくる母親の涙声が、やけに印象的であった。

そう考えた伊藤さんは、高熱にふらつきながらも、自分の姿を彼らに見せるべく立ち上がろうとした。

そのとき、である。

今まで聞いたこともないような、異様な唸り声が耳に入ってきた。

薄暗い部屋の中、慌てて周囲に視線を遣ってみる。

すると、薄闇に慣れてきた目に、到底信じられないような光景が映しだされた。

心臓の音が今まで以上に力強く感じられ、尋常ではない程の寒気が襲いかかってくる。

彼は幾度となく瞬きをして、目を凝らしてみた。

何処からどう見ても間違いない。

真っ黒い影のようなものが、布団の周りをゆっくりと回っている。

その姿は人のものに酷似していたが、それにしては酷く痩せ細っており、全体的にやけに長細い。

そしてその中でも長く細い頭部からは、まるで角を思わせる二本の突起物が、天に向かって生えていたのである。

咄嗟に、彼は布団の中に顔をすっぽりと隠した。

怖い、怖い。怖い。

どうしよう。どうしよう。どうしよう。

がらり、と静かな音を立てながら、障子が開かれた気配がする。

恐らく心配した母親が様子を窺っているに違いない。

助けて！　お母さん！　おかしなものがいるっ！

恐ろしくて声にならない声を上げながら、母親に対して懇願するが、反応は一切ない。

例の唸り声どころか、彼の布団の周りを歩き回っているあの黒い存在にも全く気が付かないらしい。

やがて障子が静かに閉まる音が耳に入ってきた。

その瞬間、重低音の効いた唸り声が鳴り響く中で、彼の意識はあっという間に底へと堕ちていった。


次に伊藤さんの意識が戻ったのは、あれから三日後の昼過ぎであった。

すっかり熱も下がって顔色が良くなった彼に向かって、開口一番祖父の怒鳴り声が響き渡った。

「この、馬鹿やろうがッ！　あれ程、入んなズって、言ったベッ！」

蔵に入ったという理由で皆にこっぴどく叱られたが、それ以上は何も訊かれなかった。

勿論、無断で土蔵に侵入したことは誰にも話していない。

にも拘わらず、家族全員がそのことを知っているのはどうした理由なのか。

祖父だけでなく、両親もアレの存在を知っているに違いない。

そう思った伊藤さんは、蔵での出来事を詳細に語り出した。

そして、中で見つけた腕のようなものを見た瞬間、恐ろしくなって逃げ出したことまで、悉《つぶさ》に説明した。

だが、祖父は蔵の中にそんなものはないと、頑なに言い張った。

更に両親までもが顔面を紅潮させながら、そんな気味の悪い物があるはずがない、と断言した。

妙に意味ありげな目配せを祖父と交わしている両親を見たとき、彼は子供心に、アレは触れてはいけないものだったのだな、と理解した。

勿論、重ねて彼らに怒られたくないといった心理も強く働いて、それ以上は何も言わなかった。


伊藤さんの体験と伝説上の弥三郎婆を結び付けるものは何もない。

しかしながら、彼が見つけた腕の干物と黒い影の正体は一体何だったのであろうか。

今となっては、何一つ分からない。

何しろ、あの一件から間もなくして、伊藤家の土蔵は取り壊されてしまったのである。

その直前、祖父と菩提寺の住職が盛んに打ち合わせをしていたので、もしかしたら何らかの話があったのかもしれない。

いずれにせよ、あの腕は今何処にあるのか全く分からない。

この話を取材するため、私は数十年ぶりに「おっかな橋」を訪れてみた。

辺りの景色はすっかり変わっており、自分が抱いていたイメージとの相違に悩まされた。

更に、橋自体も既に新しくなっており、以前幾度となく通ったあの橋の姿は何処にもなかった。

周囲の風景とともに、当時抱いていた畏怖の念を感じさせる何かは跡形もなく消え去っていた。

笑い家族

うちはかつて鬼を封じ込めた僧の血縁らしく、七年に一度鬼を鎮める儀式のために親戚で集まらなければならない日がある。

僕が六歳の頃が、ちょうどその年だった。

僕と姉と両親の四人は、九月二十三日に実家に向かった。

そこはかなりのド田舎で、周りに見えるのは田圃や畑に、後は山くらいだった。

僕はサンタも鬼も信じる年頃で、来るのが少し怖かった。

しかし、高校生の姉はそんなものは迷信と決めつけ、付き合わされるのが憂鬱そうだった。

僕達が実家に着くと、祖父母が年を感じさせない笑顔で出迎えてくれた。

親戚が揃うと今度は和尚さんが来た。

みんなで和尚さんについて家中を回りながらお経を読んだ。

それが終わるとすぐに夕食。

食事の後、父から風呂に入ったらすぐに寝なさい、と言われた。

まだ六時半、今から風呂に入ったとしても七時くらいだ。

何故、そんなに早く、と思ったがこれも儀式の一環のようだ。

僕と姉は同じ寝室。

寝る前に父が今夜はこの部屋から出ないようにと注意してくる。

これもまた、儀式の一環だそうだ。

他の親戚達も寝る準備をしている。

移動の疲れからか、僕はすぐにウトウトしてくる。

だが、そんなとき姉が「ドラマを見る」と言って部屋を出ていこうとする。

僕は眠気の余り、父の言葉を忘れそのまま送り出してしまった。

暫くすると、突然姉の悲鳴が響いて飛び起きた。

何事かとテレビのある部屋に行ってみると、先に一組の親戚夫婦が来ていて、腹を抱えて笑っていた。

「やっちまったなぁ！」

「鬼が憑いたぞ！」

笑いながらそんなことを言っていた。

脇から部屋を覗くと怯えたように親戚を見上げる姉の姿があった。

全く状況が分からなかった。

すぐに他の親戚や両親が集まってくる。

後から来た親戚や両親も姉を見るとけたたましく声を上げて笑い出した。

歯ぐきが剥き出て、口が裂けそうなほどの勢いで。

訳の分からないまま傍観していると祖父が和尚さんを連れてやってくる。

和尚さんの指示で親戚や両親は各自寝室に戻っていく。

依然狂ったように笑いながら。

次の日、すぐ祖父母の家を出ていくよう言われたが、姉の姿はなかった。

「鬼が憑いた」

あの言葉は誰に対して向けられたものなのだろうか。

状況から考えれば姉だが、僕には一晩中笑い声を上げていたみんなのほうが、鬼に憑かれているように思えた。

幸い姉は数日後に帰ってきたが、僕達姉弟は人が声を上げて笑う様を嫌悪するようになってしまった。

鬼が嗤う

「我が家には押し入れに鬼がいる」

姿こそ見せたことがないが、声がするのだという。

二月三日の夜。

御丁寧に家族が豆まきをする日に合わせて、物置部屋の押し入れから声がする。

婆ちゃんなんかは、どうして鬼がいるのかと訊くと、少しおどけて、

「押し入れも汚くしてると虫も湧くし、黴も生えるし、しまいにゃ鬼も出る」

そういうものかなと思っていた。

押し入れに向かって声を掛ける。

「鬼さんいますか？」などと呼び掛ける。

すると中から、楽しそうな笑い声が聞こえたり、時には悲しそうな泣き声が聞こえたりする。

今年はどんな声かなと楽しみながら聞いていたが、泣き声だとちょっと厄介だ。

翌年はあまりいい年にはならないらしい。要するに、声を聞いて吉凶を占う訳だ。

婆ちゃんの婆ちゃんから教わったことだから、だいぶ昔から聞こえている、という。

ある年の二月三日、豆まきをして、押し入れに向かって、「行っておいで」と婆ちゃんに言われ、押し入れへと向かう。

薄暗い物置部屋の和室。

押し入れに向かって、

「鬼さんいますか？」

いつまで経っても声がしない。

おかしいなと思い耐え切れず、ガラッと押し入れを開く。

とたん、中からゲラゲラと不気味な声が溢れ出る。

怖くなり、引き返すとリビングで待っていた家族が、

「笑ったか？」というので、

「笑ったよ、でも気持ち悪かった、誰もいないのに笑い声が聞こえたから」

それを聞いた婆ちゃんが、がっくりと肩を落として、

「開けてもうたんか、来年は運が逃げてくで」

そう言って落胆した。

翌年は、祖母の言うように運に見放され畑は不作、病気はする、怪我はする。悪いことばかり起きた。

「うちは来年になる前に分かっちゃうからつまらないんですよね」

だからある年からは、豆まきはやっても鬼の声は聞かないことにしている。

来年は、どんな年になるだろうかと考える楽しみができるだけ幸せというものだ。

鬼の子

テレビ放送がまだ白黒だった頃の話というから、もう半世紀以上前のことになる。その頃小学生だった綾乃さんは、学校の近くに住んでいた不思議なおばさんに関する記憶が今でも忘れられないという。

おばさんは小学校の近くに並んだ借家の一軒に住み、軒下で大きな犬を飼っていた。犬はよく人に慣れていて、綾乃さんやクラスメイトは、その犬目当てに屡々おばさんの家まで遊びにいった。

彼女は頼まれて、子供の疳《かん》の虫を取ったり、失せ物探しのまじないをしたりというのが生業で、今でいう占い師のようなことをしていた。何となく〈あやしい感じ〉がするので、おばさんのところに遊びにいっていることは、親には内緒にしていた。

軒先の犬小屋に繋がれた犬と遊んでいると、おばさんはにこにこしながら軒下に出てくる。その足下に幼稚園児くらいの背丈で、肌が真っ赤な子供のようなものが纏わり付いているのが見えた。友達に訊いても誰も見えていなかったので、これはまた自分にしか見えないものなのだと、綾乃さんは思っていた。

今となってはその力は失われてしまったというが、当時の彼女は幽霊や妖怪のようなあやしいものが見えた。木々の間を飛び移る天狗のようなものや、雨の日に人の背ほどもある蛙がぼうっと二本足で立っているのも見たことがある。ただ、それを言っても親にも友達にも見えていないようで、変な子呼ばわりされるのが常だった。

だからあまり表立っては見えているものは言わないようにしていた。

綾乃さんの目には、おばさんの足にしがみつくようにくっついているそれが、鬼の子供に見えた。

頭にはねじくれた角が生えているし、口からは牙が生えている。耳は尖っていて、ざんばらな髪。それは虎柄にも見える黄色のパンツを穿いていた。

こんなにもそれっぽいことってあるのかしら。

人間の幼い子供と同じようなちょこまかとした動きに、思わず笑みが浮かんでしまう。

ただ、もじゃもじゃした髪に隠れた目は、一つしかないようだった。

一人で遊びにいったときに、鬼の子供についておばさんに訊ねたことがある。すると彼女は〈綾乃さんが鬼に気付いてるのは、ずっと前から知っていた〉と言った。その後、困ったような顔を見せた。

「あの子はね。いつの間にか付いてきちゃったんだ。時々そういうことがあるんだよ。何処から来たかよく分からないんだ。あんたもあの子には触ったりしないほうが良いよ」

きっとその言葉は、おばさんなりの誠意だったのだろうと、今ではそう考えている。

そのときのおばさんの歯切れの悪さに、少し気持ち悪いものを感じたこともあり、綾乃さんは少しずつおばさんの家には遊びに行かなくなった。

時々は覗くようにしていたが一年ほどすると、老齢だったのか犬もいなくなっていた。


小学校六年生の夏のことだった。近所の神社に縁日が立った。綾乃さんも小遣いを握りしめて友達と遊びにいった。

ふと気が付くと、友達とはぐれて一人で歩いていた。きょろきょろと周囲を見回しながら境内を彷徨っていると、参道に並ぶ屋台の間に、あのおばさんが立っていた。記憶よりも見すぼらしい姿だった。服はよれよれで、サンダル姿。そして何よりも異様なのは、彼女の横に、大きな鬼が立っていることだった。

それは近所の大人でも見たことがないような背丈をしていた。きっとテレビで見るお相撲さんや、プロレスラーはこのくらい大きいのだろう。

見つかっちゃいけない。

何故かそう思い、木の陰に隠れてそっと覗き見る。

おばさんはふわふわとした足取りで、参道を歩いていく。その横を鬼も付いていく。

ただ、鬼が一歩踏み出すたびに、綾乃さんの腹にまで足音が響くのだ。

ずし……ん。

ずし……ん。

おばさんの後ろを巨体が地響きを立てながらついていく。

あれに近寄っちゃいけない。

綾乃さんは店の間を通り抜けて、おばさんと反対側に駆け出した。

「綾乃！」

声は友達のものだった。立ち止まると、まだ地響きが感じられた。

まだいる。

「何か青い顔してるよ。体調大丈夫？」

友達が気に掛けて、そのまま家まで送り届けてくれた。

親も心配してくれたので早めに床に就いたが、まだ地響きの音が離れない。

——いつの間にか付いてきちゃったんだ。

不意におばさんの言葉が蘇った。


その夜の夢は散々なものだった。

おばさんの家で可愛がられていた犬が、一つ目の赤鬼に生きたまま裂かれて食われる夢だった。

何度もやめてと叫んだが、鬼は綾乃さんの言うことを無視して、犬を食らった。

夢の中で、おばさんが、次は私の番なのよと言って笑った。

怖くて怖くて、身体が震えた。

起きたときには、身体が冷え切っていた。

幸いなことに、もう足音は響かなくなっていた。

それから数年経ち、綾乃さんも高校に通うようになった。

家からは自転車で行ける距離だ。

ある朝、両親が、猪俣さんが行方不明になったと話をしていた。

猪俣さんって誰だっけと訊ねると、小学校の近くに住んでいる中年の女性で、昔は失せ物探しをしていたけれど、今は生活保護を受けている人だと教えてくれた。母親が民生委員をしている関係で、時々話をしに行ったりしていたらしい。

あのおばさんのことだと直感した。

行方不明ってどういうことだろう。鬼はどうしたのだろう。

「――行方不明っていっても、旅行とかかもしれないから」

持病もあるから、そんなに遠くまで出かける人ではないはずなのだけど。

母親は困ったような顔を見せた。


部活で遅くなった帰りに、普段は通らない町外れの道を通った。

街灯が少なく、痴漢注意の看板も立っており、雰囲気が悪い。だが、この道を通ると五分ほど早く家に着ける。

スピードを上げて暗い中を走っていたときに、道路脇の杉林から声が聞こえた。

――あ。これは猪俣さんの声だ。

話など何年もしていないのに、すぐに分かった。

自転車を停めて周囲を見回すと、やはり微かに猪俣さんの声が聞こえてくる。

自転車を降りて、声のするほうに歩く。すると杉林の中に、胸から上だけの姿になった女性が転がっていた。

駆け寄って声を掛けようとして、その身体が半透明であることに気が付いた。

「――おばさん、こんなところでどうしたんですか!」

「あら。綾乃ちゃんかい。あたしのことが見えるんだね。ありがとうね。ずっとこのままかと思ったよ」

とはいえ半透明なのだから、生きている人間ではない。所謂幽霊だ。しかし、幽霊にしてもその姿は異様だった。腹から下も存在しておらず、両腕もない。

その位置にあるはずのものが、消えてしまっているのだ。

猪俣さんが言うには、例の鬼が最近特に大きくなって、ある晩食われてしまったのだという。

母親が探していたと伝えても、彼女は諦めたように目を伏せて呟いた。

「もう見つかりっこないよ。生きたまま全身を食われちまったからね。あの子が町を出ていくときに、あたしはここに捨てられたんだよ。あの子が何処に行ったのか、あたしにも分からなくてね。きっとこれから悪いことを沢山するだろう」

不幸をばら撒くに違いないよ。所詮は鬼だもの。

人を殺してしまうかもしれない。

食われてしまう子供が出るかもしれない。

鬼の子を育てたあたしが愚かだった。人間じゃないものに情を掛けたのが悪かった。

情が湧く前に潰しておけば良かったんだ――。

おばさんは、済まない済まないと言って泣いた。

綾乃さんは何も声を掛けることができなかった。


一度試してみたが、おばさんには触れることもできなかった。

もう遅くなってしまったので、おばさんまた来るからねと、暗い中に猪俣さんを残して、その場を去った。

翌日は生憎の雨で、外に出られなかった。
更にその翌日に、綾乃さんは早朝から杉林まで自転車を飛ばした。
しかし、もう幾ら探しても、猪俣さんは見つけられなかった。

恩返し

真依さんの元には、年に何度か鬼が来る。勿論物理的な存在ではない。周囲の人にその鬼のことを説明しても、真衣さん以外はその鬼に触れることはできない。

この鬼は彼女の祖母との因縁から、ずっと関係が続いているのだという。

その因縁は明治時代にまで遡る。


伊藤博文が暗殺された頃だというから、明治四十年代の始めのことだ。

当時、真依さんの祖母はまだ十代で、生家のある茨城県に住んでいた。

ある頃から、彼女が住んでいた村に、夜な夜な鬼が出ては村人を襲うという事件が起きた。

彼女が耳にした噂によると、鬼に遭った人は身ぐるみ剥ぎ取られ、骨まで齧《かじ》られて殺されたとか、そのまま何処かへ連れさられて、二度と帰ってこないという話だった。

恐ろしい。事件も何もない村に、どうして鬼が出るようになってしまったのか。

村人は陽が落ちたら厳重に戸締りをして外へは出ない。そんな日々が続いていた。

現代よりも闇が濃く、迷信のはびこる時代の話である。無理のないことだ。

季節は晩秋。寒い風の吹く頃だったという。ある日、村で不幸があった。皆で通夜と告別式に参加し、女性は料理や配膳等を手伝う。

鬼は恐ろしいものの、不幸があっては行かない訳にはいかない。

身支度をして近所の人達と寄り合って大勢で移動する。

陽のとっぷりと暮れた中を、提灯の明かりを頼りに、暗闇の中をそろそろと進んでいく。

すると突然雑木林の中から、恐ろしい容姿の者が飛び出して、先導する村人を襲った。

――鬼だ。

血の気が引いた。だが、喰われてはなるものかという気持ちが湧き出した。

先頭を歩く男衆が応戦する中、彼女は怯まずに道端に落ちている石を拾い上げ、無我夢中で鬼と戦った。

提灯が燃え上がる明かりに照らされた鬼は三体いた。

男衆より頭一つ抜けて高い者が二体。それとは別に男衆の一人が子供ほどの背の者を捕まえている。

祖母は捕まえている男衆の傍へ走り寄って声を掛けた。

「そりゃ、鬼の子供じゃないのか。たとえ鬼だって、子供は殺《あや》めちゃいかんぜ！」

祖母は鬼の子供を引き離し、少し離れた場所へ連れていってよくよく見た。

暴れ出さないか、何人かの男衆の監視の元で小鬼の様子を確認する。

肌は全体に薄茶色で、べたついた脂塗れの頭髪の隙間から、小さな角が一本屹立《きつりつ》している。

——この角。やはり鬼か。

すると、戦っていたはずの背の高い鬼が突進してきた。

祖母はその鬼に怯まず、怒鳴り声を上げた。

「おめぇら鬼は、何で人間どもを殺すんだ！　オレ達がおめぇらに何か酷いことでもしたかよ。オレは相手が何だって子供は可愛いいぜ。人間を襲うなら、この子はオレの子供として育てるぞ。人殺しの子供にはさせねぇ！」

暫く睨み合いが続いた。姿を見せても怯まない祖母の迫力に驚いたのか、何か通じるものがあったのか、鬼がぼろぼろと涙を流した。

鬼は吠えた。

「子供が殺されたのだ！」

鬼は辿々しい言葉だが人語を喋った。すると周囲の男衆も寄ってきて、とにかく話を聞いてみようという空気になった。

――俺達は山に住んでいたのだが、お前らのほうから、どんどん山に入り込んでくるではないか。ついには鬼の子供が人間に殺されたのだ。だから俺達も人を襲うようになったのだ。そうすれば人間が山に入らなくなるだろうと考えたからだ。

聞き取りづらい言葉を繋げると、鬼はそのようなことを喋ったという。

その言葉に祖母を始めとした一行には思い当たる節があった。

半年程前に、村の男衆が山へと狩りへと出向き、戻ってくるやいなや、鬼を討ち取ったと騒ぐという出来事があった。

山に鬼が出たので俺が討ち取ってやった。証拠に鬼の腕を切り取って持ってきたと自慢げに話をしていたのだ。結局、その騒ぎを耳にした神社の神主がその腕を手厚く供養することにしたと聞いている。

その話を聞いた祖母は鬼に頭を下げた。

「そっか。そりゃ本当に悪いことをした。悪いのは人間のほうだな。オレが頭下げるから許してくれんか。人間もおめぇらの住む場所は荒さんから。必ず約束するから。こんなこと続けてたら人間の子もおめぇらの可愛い子もいつ死んじまうか分からんだろう。それも可哀想だ」

するると、鬼は再び吠えた。

「俺達だってそうしたいが、人間は信じられん!」

男衆が身構える中、祖母は小鬼の手を取り、鬼に向かって一歩近づいた。いつ取り出したのか、手には小刀が握られていた。

「おめぇ、人間の女の髪の毛がどんなに大切な物か分かるか。命と言われるほどのものなんだぞ」

祖母は自分の髪をひと掴みすると、小刀でそれをばっさり切り落とした。

「ほれ! これが約束の証だ! 持ってけ! こんな可愛い子がおるんだから、帰って大切に育てんだぞ。これはオレとおめぇの二人の約束だ!」

切った自分の髪と小鬼を差し出した。一時の沈黙の後、鬼は涙ながらに頭を下げた。

「すまなかった。約束は必ず守る。仲間にも約束させる。この髪は俺の宝物だ。ありがとうよ」

鬼は纏っていた服の裾を破き、それで祖母の髪の毛を大事そうに包んで懐に入れた。

三体の鬼は立ち上がると、闇の中に溶けるようにしていなくなった。

鬼の姿が消えると、離れた所から見守っていた村人達が駆け寄ってきた。それからというもの、鬼が出るとか襲うとかの噂は一切なくなり、村には平和が戻ったという。

寝物語にそんな話を聞かされた幼少時の真依さんは、興味深々で鬼のことを祖母に訊ねた。

間近で見た鬼は、一角獣のように頭の前頭部に太く長い角が生えていたし、話す口元にも牙のような物が見えた。手には獣のように大きく鋭い爪が生えていたと、祖母は教えてくれた。

「でも、鬼の話は、ここで終わりじゃないんだよ」

そう言って祖母は笑顔を見せた。

それから月日は流れ、祖母は東京へ嫁いだ。

子供は六人授かったが、その子供達を育てているときに、太平洋戦争が始まった。

だが、次第に敗色が濃厚となっていく。

子供のうち誰か一人でも生き残ればと、子供達をばらばらに疎開させ、祖父だけが東京の家に残り、故郷の茨城へ祖母だけが避難した。結婚以来初めてのことだった。

その間のこと。ある晩、あのときの鬼が祖母を訪ねてきた。

祖母が渡した髪の毛の束を握りしめた鬼は、辿々しい言葉で祖母に告げた。

「俺達は、あのときの恩を忘れていない。何処にいてもあんたの子供達は俺達が全員守ってやるから安心しろ。大丈夫だから」

それだけ言うと、鬼は暗闇へ消えていった。


そこまで語り終えると、祖母は真依さんを見つめて破顔した。

「鬼ってぇのは全く歳を取らねぇんでびっくりしたよ。まぁ、鬼のおかげなのか、子供達は全員無事に生き延びてな。今じゃこうして可愛い孫の顔まで見られて、婆ちゃんは嬉しいよ」


その祖母が他界し、かれこれ三十五年近く経つ。

その頃から真依さんの元には小鬼がやってくる。片手には髪の毛の束を握っている。
毎回満面の笑顔だ。

著者プロフィール

加藤 一（かとうはじめ）

『「超」怖い話』四代目編著者として冬版を担当。これまでに発掘してきた実話怪談作家を束ねる『恐怖箱』レーベルの総監修者。著、編、監修作はそろそろ二百冊に届く。

久田樹生（ひさだたつき）

作家。近著に『犬鳴村〈小説版〉』『樹海村〈小説版〉』『南の鬼談 九州四県怪奇巡霊』『社畜怪談（黒碕薫・佐々原史緒共著）』等がある。

神沼三平太（かみぬまさんぺいた）

神奈川県の海辺の町出身の怪談おじさん。相模原市在住。湘南の海は深夜に訪れる派。既刊に『実話怪談 吐気草』など多数。今年はよいことがありますように。

橘 百花（たちばなひゃっか）

栃木県出身。某ゆるキャラとコスメを愛でることが趣味。代表作に『恐怖箱 死縁怪談』（竹書房文庫）『怪異伝説ダレカラキイタ？』シリーズ（あかね書房）がある。

服部義史（はっとりよしふみ）

既刊に単著『恐怖実話 北怪道』『蝦夷忌憚 北怪導』『恐怖箱 屍役所』『（同）怪画』『（同）怪書』『（同）怪玩』『（同）心霊外科』、新刊『実話怪奇録 北の闇から』がある。

つくね乱蔵（つくねらんぞう）

様々な仕事で培った、豊富な人脈と経験を武器とする厭系実話怪談作家。「安全地帯にいる読者を沼に引きずり込む」がモットーである。代表作に『恐怖箱 厭熟』他多数。

戸神重明（とがみしげあき）

単著『群馬百物語 怪談かるた』『怪談標本箱』シリーズ『毒ノ華』『死霊ノ土地』『雨鬼』『生霊ノ左』『恐怖箱 深怪』。編著『高崎怪談会 東国百鬼譚』他共著多数。

ねこや堂（ねこやどう）

実話怪談著者発掘企画「超‐1」を経て恐怖箱シリーズ参戦。主な著書は『恐怖箱 百聞』を始めとする『百物語』シリーズの共著及び恐怖箱アンソロジー。御猫様の下僕。

松本エムザ（まつもとえむざ）
主婦業の傍ら小説を執筆。恋愛、ショートショート、実話怪談と幅広いジャンルのアンソロジーに参加。共著に『恐怖箱 心霊外科』単著に『誘ゐ怪談』等。栃木県在住。

内藤 駆（ないとうかける）
怪談(実話、創作共に)と夜のランニングが好きな孤独な男。最近、専門学校を無事卒業しました。既刊『恐怖箱 夜泣怪談』。現在、『夜泣怪談2（仮）』を鋭意執筆中。

渡部正和（わたなべまさかず）
一九七一年山形県生まれ。O型。乙女座。二〇一〇年より『「超」怖い話』に参加。主な著作に『「超」怖い話 鬼市』『「超」怖い話 鬼門』『「超」怖い話 隠鬼』など。

音隣宗二（おとなりそうじ）
東京都出身。趣味は映画鑑賞。平均身長。平均体重。最近追いかけてきたアニメ作品が完結を迎え、ロス状態に突入中。

soo（すう）
北関東在住。田舎の言い伝えや土着の神様や妖怪、因習の話が大好き。高橋葉介先生とMAN WITH A MISSIONの大ファン。怪談は、すごく怖いのもちょっとホッコリするのも両方好きです。

芳春（ほうしゅん）
湘南在住の柴犬愛好家。末期のチョコレート中毒。金魚鑑賞と住宅展示場で建材を眺めるのが趣味。前向きに生きる為の糧になるような、不思議な実話を集めている。

成瀬川鳴神（なるせがわなるかみ）
専門学校に通いながら、たびたび短編作品を投稿。主にノベルアップ+にて活動中。

影絵草子（かげえぞうし）
関東在住、幼少期より怪談を収集し、数にして千以上。主に人間の狂気や情念が絡んだ怪談を好む。主な出演と実績／高崎怪談会年末SP／竹書房怪談マンスリーコンテスト二〇二〇年四月、六月最恐賞、十二月優秀作受賞。

緒音 百（おおともも）
佐賀県出身。自然豊かな田舎にて怪談や奇談に慣れ親しんで育った。大学時代に上京し、民俗学を専攻。語り継ぐことの楽しさに目覚める。趣味は旅行、温泉めぐり。

鬼怪談 現代実話異録

2021年4月5日　初版第1刷発行

編著監修　加藤 一
共著　久田樹生／神沼三平太／橘 百花／服部義史／つくね乱蔵／戸神重明／ねこや堂／松本エムザ／内藤 駆／渡部正和／音隣宗二／芳春／ Soo ／成瀬川鳴神／影絵草子／緒音 百
カバー　橋元浩明（sowhat.Inc）
発行人　後藤明信
発行所　株式会社　竹書房
〒102-0072　東京都千代田区飯田橋2-7-3
電話03-3264-1576（代表）
電話03-3234-6301（編集）
http://www.takeshobo.co.jp
印刷所　中央精版印刷株式会社

定価はカバーに表示しています。
落丁・乱丁本は当社までお問い合わせ下さい。

ISBN978-4-8019-2591-5 C0193